AF587039

Historia del pueblo Garzón, departamento de Maldonado

Nuber Lazo

EDIQUID

HISTORIA DEL PUEBLO GARZÓN,
Departamento de Maldonado

Editado por: Corporación Ígneo, S.A.C.
para su sello editorial Ediquid
José Olaya 169, Ofic. 504, Miraflores. Lima, Perú
Primera edición, julio, 2024

ISBN: 978-612-5160-02-7
Tiraje: 50 ejemplares

Hecho el Depósito Legal en la Biblioteca Nacional del Perú N° 2024-05754
Se terminó de imprimir en julio del 2024

www.grupoigneo.com
Correo electrónico: contacto@grupoigneo.com | Teléfono: +51 955 071 270
Facebook: Grupo Ígneo | X: @editorialigneo | Instagram: @grupoigneo

Colección: Integrales

Índice de contenido

Capítulo IX

Capítulo X

Capítulo XI

Capítulo XII

Capítulo XIII

Capítulo XIV

Dedicatoria

La historia de los pueblos es similar a la historia de los humanos: se nace, se vive y se muere. De esas tres situaciones, la más importante es el resultado de todo lo que se hizo durante la existencia. Todo lo realizado en vida de los habitantes y los garzonences que vivieron en ese pueblo es la base de lo que fueron y lo que son hoy.

Con amor, le dedicamos un recuerdo a ese pueblo; y deseamos que este progrese hasta convertirse en ciudad. Al mismo tiempo, hacemos un homenaje a quien fue protagonista de una época brillante: don Leopoldo Lazo.

N. H. L.

Agradecimientos

Nada se puede realizar sin ayuda, mucho menos un libro de cualquier tipo: instrumento de papel y cartón en el que se escriben unas líneas para ordenar el pensamiento y que, una vez publicado, se considera un amigo del ser humano, aunque sea construido a partir de tan delicado material como el papel. Sin embargo, cuando fue árbol era importante en su zona, y ahora que es papel, muchas veces ignoramos su importancia. Que un árbol se transforme en un libro de papel con ideas y pensamientos fue, sin duda, una revolución cultural a nivel internacional.

Cuando lo transformamos en un libro —porque al papel agregamos letras, letras que pueden expresar innumerables ideas sea cual fuere el tema—, este pasa a ser un instrumento que ayuda al ser humano a pasar el tiempo; además, recarga al mismo tiempo la memoria y la inteligencia de los hombres con diversos factores que se combinan a partir de impulsos eléctricos entre sí en la maravillosa computadora de carne, hueso y nervios regadas de sangre del corazón que encierra la caja del cerebro humano.

Un libro nos puede ayudar a generar esa actividad energética para pensar y actuar. Sin tal energía, no sería posible caminar, trabajar, crear, amar y hacer obras favorables hacia otros seres que rodean el ambiente de nuestra vida. Un libro con letras de un abecedario dibujado, un invento que permitió a los seres humanos entenderse entre sí en su diversidad; un instrumento que, una vez leído, distribuye en el centro cerebral una suerte de luces que resplandecen alrededor y dan lugar al nacimiento de semillas, que como las de los árboles de donde se extrae papel, elevan el pensamiento a gran altura, hasta lo que el cielo permite.

No interesa el tema del libro. Quizá cada uno elige lo apropiado para leer. O lo no apropiado. Si no hay la libertad de elección, el ser humano está amputado y enfermo. En ese sentido, siempre debería tener la libertad de elección, pues esta es deseada, bienvenida y aceptada. El lector es consciente de que una vez abre el libro, tiene ante sí dos opciones: lo consume hasta el final o bien, lo cierra en cualquier página.

Empero, el libro que se cierra solo toma un descanso hasta que otra persona lo nota un día cualquiera, lo abre y lo consume. A esa persona le sirvió, pero a la otra no. Somos muchos, así que, si a una persona le sirve, está bien, pues cumplió su objetivo.

Estos apuntes —que aspiran a convertirse en un libro—, no hubieran sido posibles sin la ayuda de alguien para cada página. A lo sumo, un escritor de historias dirige a la orquesta, pero los contenidos —que son del pasado y hoy no están—, deben buscarse en los archivos y en la memoria.

¿A dónde se van a buscar? Primero, al punto crítico donde los hechos sucedieron. Hoy habrá cenizas, y las cenizas que quedaron deben revolverse, porque son un indicador de que algo ha sucedido.

Por otra parte, no debemos olvidar a autores que analizaron hechos antiguos o cercanos y escribieron para informar esos hechos que antes fueron trascendentes. A esos hechos tampoco podemos olvidarlos. Hoy, son necesarios e incluso indispensables para agregar otras opiniones, así como para aclarar hechos o lugares cercanos que sucedieron en ese momento y que no fueron descubiertos. Esto tampoco lo podemos ignorar.

Debemos exaltar también a los extraordinarios autores nacionales que hicieron huella en su tiempo, y que en el nuestro nos permiten alimentarnos de su sabiduría y dedicación. A ellos los nombramos en nuestra bibliografía.

En ese sentido, vale la pena resaltar a Roberto Pereyra Fallo, garzonense de la época de oro. Entre sus muchas actividades estuvo la de ser jefe de la estación del ferrocarril de Garzón; ser activista cultural y deportivo, técnico agrario y de avicultura. Además, destacó por la gran dedicación a su trabajo. Fue rosacruz, pensador liberal, poeta, filósofo y, sobre todo, literario y escritor.

Es esta la excelente síntesis curricular de Roberto, apodado «Beto», compañero de la Escuela Rural en donde también se hicieron presentes las enseñanzas de Elvira Celsa y María Ester. No podía dejar de contribuir con este libro y, además, por ser de Garzón. No se trata de creer que somos mejores personas que las de otros pueblos; no obstante, hay un ambiente en el aire del arroyo que embelesa y obliga a detenerse, a pensar. Vemos que, hoy en día, muchos extranjeros construyen viviendas de paso para descansar, para recargarse, para revivir.

A él agradecemos con afecto al Beto, su colaboración, la cual brindará a este libro una tónica más elevada, sobre todo en lo que respectar al Capítulo VI. En este describiremos su autoría en varios libros, mientras que en el Capítulo VIII leeremos sus pensamientos sobre el pueblo donde nació y que no olvidamos.

Un segundo aporte fue otorgado por las autoridades de gobierno. En ese sentido, es imposible iniciar la historia de un pueblo sin concurrir y pedir ayuda a las actuales autoridades de esa zona, a saber, la Intendencia Municipal de Maldonado y el Centro de Comunicación Histórica de ese departamento.

También destacamos a la autoridad eclesiástica reflejada en la persona del monseñor Milton Troccoli. Asimismo, resaltamos la historia del cura Henry Santana, famoso en el barrio de la Unión en Montevideo y quien estuviera a cargo de la parroquia de San Vicente de Paúl, ubicada en el barrio Villa Española. Allí levantó una población que era atacada por la droga y la miseria con planes alimenticios, educación, y con apoyo del club Rotario de La Unión, así como de varias personas y empresas de la zona. En 2021 fue trasladado a la ciudad de José Ignacio, donde se hizo cargo de la capilla de Garzón. Hizo todo el esfuerzo por mejorarla y lo logró.

Por supuesto, no podemos dejar de agradecer la gentileza de las personas encargadas de la Biblioteca de Maldonado y de la Casa Mariano Soler de San Carlos, quienes nos brindaron información de gran utilidad. Ahora bien, menos se puede intentar escribir sin la posibilidad de conversar con antiguos pobladores, hoy de edad avanzada y, por suerte, vivos, quienes comentaron historias olvidadas, pero interesantes que son necesarias difundirlas con el fin de recrear la verdad respecto a la forma de convivir entre las personas de la época. Nos referimos en los respectivos capítulos, a Luis Rodríguez en recuerdos, Mónica Iscua en salud, a Javier Techera en sociales y a tantos otros, a quienes también agradecemos.

A la extraordinaria maestra, Silvia Orse, agradecemos su buena disposición para facilitarnos una síntesis de la historia de la Escuela Pública de Garzón, ese centro de cultura valeriana, corazón de la enseñanza nacional que en un pequeño pueblo como ese logró centralizar el conocimiento y la armonía local entre padres e hijos, quienes aprendieron a amar el conocimiento pese a estar alejados de las ciudades; y que, además, dieron al territorio nacional figuras reconocidas por su capacidad de acción. Todo ello gracias a la base y a los conocimientos que recibieron en esa escuela.

Un merecido reconocimiento por su apoyo a Martín Ferrario, jerarca de la Dirección de Cultura de las Intendencia de Maldonado, quien aportó detalles de su actividad en Garzón. En aquella época, él actuaba como funcionario, y si bien cumplía las directivas de las autoridades, también agregaba su interés y su amor al pueblo donde su familia vivió tantos años. Podría afirmarse que en esa época se dio el primer intento de renacer del pueblo. Esto se podría comprobar a partir de los antecedentes escritos, demostrando que Garzón vivía, aunque no se publicara en los medios nacionales lo que ocurría en esos pagos garzonences.

Fernando Suárez, primer alcalde del pueblo, quien vivió y se preocupó por la modernización del pueblo desde los años 2010 al 2020 y que, de igual manera, colaboró con gran entusiasmo en estos apuntes recordando con amor lo que vivió y actuó en las obras del pueblo, tratando de mejorar el presente con miras al futuro.

El alcalde Nazareno Lazo Cuadrado, nacido en Pan de Azúcar, también garzonense. Muchas gracias por habernos atendido con amabilidad y por facilitarnos mucha información. A él le tocó enfrentar la vertiginosa transformación que está sucediendo hacia el mar, en la séptima sección de Maldonado.

Es necesario, además, reconocer el apoyo de amigos y familiares como mi hermana Ana, maestra interesada en ayudar a nivel cultural; mi hijo Pablo, quien me ayudó a «palanquear» la electrónica, a mi esposa Susana, por sostener el peso de los minutos del día alejados de ella. También a algunos familiares y amigos, quienes con su prestigio me dieron energía para continuar.

Al artista Herbenn Lazo, escultor e hijo del también y muy genial artista garzonense Mario Lazo. Y a tantos nombres a los que mi memoria tardaría más tiempo en aclarar que lo que lleva leer el libro.

Por último, quiero agradecer a todas las personas nombradas y a otros más que no figuran aquí, pero que permanecen en mi memoria. A todos ellos muchas gracias.

Prólogo

Don Nuber, no cabe más que felicitarlo calurosamente por su enjundiosa tarea de lúcido y tenaz memorialista. Ha hecho usted un laborioso y, sobre todo, muy minucioso trabajo de investigación basado en los conocimientos de prestigiosos y prestigiosas compatriotas, pero mucho más importante que los datos suministrados por la bibliografía al uso, le doy especial importancia a los que aporta usted mismo.

No es frecuente, ni es poca cosa, relatar la historia desde la historia, ser testigo desde dentro. Usted lo hace en forma muy coloquial y amena. Con su conocimiento directo y visceral, no solo de la historia de su pago chico, sino de sus personajes fundamentales, e incluso de algunos anónimos, le da una riqueza al relato que puede afanarse de dejar un legado entrañable para todos los garzonenses, tanto los del presente como para las generaciones venideras.

Todo historiador nacional o simple vecino curioso de conocer sus orígenes no tendrá mejor opción que consultar este completísimo homenaje memorial de don Nuber Lazo, hecho con inocultable amor y orgullo por su tierra y, en especial, por su abuelo don Leopoldo, inteligente, tenaz y meritorio autodidacta: él estaría muy satisfecho de su nieto que, con una humildad ejemplar no se refiere a sí mismo ni siquiera en tercera persona, sino que deja libre a la inteligencia del lector atento a descubrir a Nuber Lazo tras el niño que acompaña a su abuelo y es testigo de su bonhomía.

Hago sonar mis aplausos por su digno logro que, no lo dude, se ha de agigantar en el tiempo.

Javier García Peña

Escritor

Introducción

Como todos los pueblos del Uruguay, el pueblo Garzón, del departamento de Maldonado, también tiene su historia. Esta posee sus propias características, con su gente, sus vidas, sus problemas, sus encantos, sus fracasos y sus triunfos.

En la actualidad, nos enfrentamos a la necesidad de dejar algo escrito sobre la historia de este pueblo, puesto que no hay muchos elementos o datos escritos, por lo menos que sean coherentes desde el punto de vista cronológico. Intentaremos, entonces —aunque sea en pinceladas generales— escribir sobre algunos hechos ocurridos, personas y familias que dieron vida a ese pueblo. Un poblado que no pudo llegar a ser ciudad en el siglo XX, pero que lo transitó con intenciones de serlo y con gran valor en su lucha por lograr un crecimiento en la zona y en el país, ya sean las personas que llegaron a él de otros lugares y los que nacieron en él.

Se han analizado informes que aparentan ser de la época actual, aunque su versión original no está disponible para deleitarnos con los recuerdos del nacimiento y del desarrollo de un pueblo de campaña característico del comienzo de este país. La historia nos revive el pasado que es de todos, los que habitamos hoy el Uruguay y los que lo habiten en el futuro.

Debo dejar constancia de que hubo varias familias que germinaron y crecieron en ese pueblo dejando su huella; algunas que logramos encontrar mencionadas en algún libro, en algún diario o algún recuerdo las nombramos, pero por desgracia, no contamos con antecedentes de muchas otras.

De otra parte, se debe destacar que en esta obra se profundiza en la familia Lazo, afincada y nacida en Garzón, además de impulsora fue constructora de este pueblo. Esto se debe a quien escribe esta nota desciende de esa familia y tiene conocimiento directo de muchas cosas que pasaron allí por haber vivido la infancia en ese lugar, único argumento valedero por encima de la capacidad para escribir esta historia que, sin embargo, requeriría un mejor nivel intelectual.

En ese pueblo se desarrolló la vida de muchas familias conformadas por gentes sencillas, trabajadoras y de corazón sano, tal y como los primeros habitantes del Uruguay: campesinos, gauchos, ciudadanos forasteros, extranjeros y los oriundos del lugar que, aun con apellido de origen español, también fueron partícipes con igual tesón y amor en la construcción del terruño. También hubo presencia de personas de origen turco e italiano, además de otros que habitaron y dejaron obras fecundas en su vida para el desarrollo de ese pueblo.

Respecto a las familias de apellido Lazo, estas fueron numerosas en toda la zona del este, aunque sabemos también, por ejemplo, que otros descendientes de españoles que llegaron de España con el mismo apellido se afincaron en Durazno, en Rivera, en Pando y en otros lugares.

De esta manera, los extranjeros que llegaban como migrantes al país se establecían para trabajar y mantener a su familia lo mejor posible, no obstante, necesitaban documentos —por lo menos de referencia—; documentos que además de ser exigidos para que se consideraran pobladores, también servían para reconocerse como habitantes inscritos en este nuevo país, desconocido para ellos, pero en el que deseaban poner en práctica sus conocimientos y ser respetados.

Cuando se presentaban a la oficina de inmigraciones, justicia, comisaría, o solo para decir quiénes eran los llegados de Europa o quiénes eran hijos de inmigrantes, el escribiente, el juez o el encargado de anotar solicitaba su nombres y apellidos. Muchos lo pronunciaban de forma correcta, mientras que a otros se le entendía a medias —y no es lo mismo decirlo que escribirlo—. Por lo tanto, pronunciar la palabra lazo —que coincidía con una importante herramienta del campo usada por los gauchos para agarrar vacas y caballos—, producía simpatía. Además, era fácil pronunciarla, aunque escribirlo era más difícil en aquella época.

Al respecto, este apellido lo solían escribir con s, con z, con doble s o con doble z. Esto era así debido al criterio personal de la autoridad que los anotaba y según su nivel cultural del caso, ya sea para entregarle su cédula o credencial o para darles un papel con el fin de reconocerlos en los trabajos que solicitaban.

Es probable que no solo haya sido problema del escribiente nativo, sino que además esos migrantes y sus hijos de las Islas Canarias o de la península ibérica, de Santander o cualquier otro lugar, que desembarcaban en el puerto de Montevideo y eran transferidos y desparramados por el interior del país donde se necesitaba mano de obra para trabajar y poblar, debían dar su nombre, el cual, pese a que lo pronunciaban bien, ni ellos mismos sabían cómo se escribía.

No solo nuestros indios y nuestros paisanos desconocían la forma de escribir en español; muchos españoles llegaban tan analfabetos como los nativos a estas tierras, de manera que en ellas aprendieron a escribir y a trabajar. Además, nos dieron el primer empujón para un futuro promisorio.

Ahora bien, otra aclaración que debo hacer en este apartado introductorio se relaciona con el hecho de que muchas situaciones y actividades acaecidas antes y después de 1930 y que se describen en este libro fueron extraídas a partir de comentarios de amigos y habitantes. Esto debido a que no fue posible recordar por completo y de manera fehaciente todos los hechos. Por esta razón, he preferido sintetizar los más dudosos con el fin de no deformar la verdad.

Incluso, algunos comentarios anteriores al año 1936 —año en el que nací— no están completos. Sin embargo, sí cuento con clara memoria respecto a los actos conscientes que disfruté a partir del año 1940.

De esta manera, puedo complementar la historia de ese lugar con muchos datos que recibí en forma verbal y a partir de los escritos que publicó un tío mío llamado Roberto Lazo, hijo de don Leopoldo, y que incluye sucesos después de 1980. Tales escritos están en mi poder.

Además, aclaro con sinceridad que agrego de forma intencionada y de acuerdo con la situación cronológica del relato, datos que no se relacionan con Garzón de manera directa. Tales datos obedecen, en cambio, a acontecimientos que sucedían en esa época, no solo en Maldonado, sino también en todo el mundo y en el país. En ese sentido, se presenta un panorama general que ha influido muchas veces con el departamento de Maldonado y, por supuesto, en Garzón.

Quizá justifico esta incongruencia, porque si bien pude ser más concreto en el relato y solo referirme al pueblo, lo cierto es que la historia de la humanidad en cualquier lugar es una actividad de hechos continuos y relacionados entre sí. Por ejemplo, no podemos olvidar a la Provincia Oriental que dio lugar al Uruguay y a sus pueblos que crecieron relacionados entre sí. De igual manera, sin Pérez del Puerto no hubiesen existido las actuales ciudades del Este, sino que habría otras. Por lo general, se suele creer que los pueblos chicos alejados de las grandes ciudades están fuera de los acontecimientos del mundo que los rodea, pero no es así, pues los contactos siempre influyen.

En muchos casos y en algunas anécdotas puedo realizar una reseña aproximada a la verdad, puesto que algunos informes que recibí se debieron recomponer y adaptarlos a la situación que podría ser más ajustada a lo real. Esto sin agregar nada inventado que pudiese influir en mi propósito de comentar una historia justa y como corresponde que sirva para complementar las serias y variadas historias escritas por competentes autores nacionales que tiene nuestro Uruguay.

Al respecto, cabe mencionar que del Uruguay nos interesa la zona del este, donde al recorrer los caminos de San Carlos a Rocha podemos encontrar al pueblo de Garzón, del departamento de Maldonado. No obstante, este pueblo nunca llegó a ser ciudad, sino que fue agraciado con el movimiento de toda la zona de sus alrededores. Importantes ciudades lo rodearon desde el principio, por lo que era imposible competir con Maldonado, San Carlos y Rocha, el trío de ciudades que absorbieron sus capacidades.

No obstante, debemos rescatar que Garzón se mantuvo muy fuerte por más de cincuenta años hasta su caída. Quizás hoy pueda levantarse, porque hay personas, empresas y gobiernos que han dado pasos para su segundo crecimiento. Por ello, esta historia puede servir de base y aliento, de manera que sea posible ayudar al renacimiento de un pueblo que se lo merece.

Por otra parte, no se puede hablar de esta zona privilegiada de Maldonado y Rocha sin homenajear a quien toda la zona le debe la vida, su nacimiento su desarrollo y su fama: un secretario que se convierte en ministro de la Real Hacienda, quien fuera nombrado por el gobernador del Río de la Plata

Antonio de Ceballos en la década de 1760. Se trata de Rafael Pérez del Puerto. Aclaramos que los estudios sobre este tema fueron realizados y publicados con extraordinaria calidad por la escritora Florencia Fajardo Terán de quien, por cierto, aprendimos mucho.

Es a partir de 1760 que se desarrolla y crece la vida en esa zona. Además, podemos afirmar que la primera etapa del pueblo Garzón, desde su fundación a fines del siglo XIX y principios del siglo XX hasta su caída en mitad de esta época es la etapa antigua. Sin embargo, es a partir de la segunda parte de ese siglo y para el que viene, que puedo asegurar sin temor a equivocarme que el renacer de Garzón será extraordinario y floreciente, puesto que tiene una raíz o base muy fuerte.

CAPÍTULO I

1. La Provincia Oriental

En 1700, España gobernaba la zona, con excepción de Colonia del Sacramento, donde se habían establecido los portugueses. Sin embargo, Ceballos reconquistaría este territorio tiempo después para España.

Despertaba un territorio al norte rodeado por el río Uruguay y el río de La Plata denominado la zona de indios charrúas. Estos no eran los únicos que habitaban el lugar, pues había muchas etnias. Los primeros europeos que desembarcaron en la zona del Río de la Plata, en donde se distingue un cerro o monte que fue visto por un navegante de Gaboto, fueron varios portugueses, quienes intentaron construir una población.

Los portugueses habían tomado Colonia del Sacramento y con un esforzado avance las construcciones se desarrollaron en muy buenas condiciones, incluso con muralla de defensa. No obstante, ante el peligro de que este arriesgado país europeo que navegaba todo el océano Atlántico ocupara la zona de los charrúas, el gobernador Zabala, alertado por el rey de España —que sabía las inquietudes de su vecino Portugal—, mandó una partida de familias y soldados a la zona de Maldonado, donde ya había un caserío que el navegante Francisco de Maldonado ocupaba desde que desembarcaron de las naves de Solís.

Al mismo tiempo y desde Buenos Aires, desembarcó a la otra orilla del Río de la Plata con un ejército que además de los soldados españoles y nativos, se componía de mil indios guaraníes, desalojando a ese grupo de portugueses que habían ocupado el lugar cerca del cerro, y se fundó San Felipe y Santiago de Monte Video (con palabras separadas, como lo decía el fundador), ante el asombro de los indios charrúas, quienes vigilaban desde lejos.

Luego, en 1726 se nombró gobernador de San Felipe y Santiago a Javier de Viana, compañero de Antonio Artigas. Este fue nombrado alcalde y, además, fue el abuelo de José Artigas.

Montevideo se desarrolló con la ayuda del gobernador Zabala y Antonio Artigas pasó a ser un destacado personaje de la importante ciudad, de un puerto que crecía cada vez más con habitantes de España y de Buenos Aires, incluidos los indios evangelizados por los jesuitas exiliados de Entrerríos, y con el comercio de negros africanos traídos por los portugueses que desembarcaban en Colonia.

Se trató de una época de nacimiento y crecimiento para la nueva ciudad, la cual se llamaría más adelante Montevideo, lugar donde nació Artigas en 1764. Esta nueva ciudad dependía de Buenos Aires, de manera que Zabala le dio mucha importancia y apoyo por órdenes que recibió del rey casi por diez años. La Guerra Guaranítica, que ocurrió por traslados de pueblos indígenas a cargo de los jesuitas para alejarse del territorio del futuro Brasil, produjo una antipatía natural contra los portugueses.

Así entonces, Zabala realizó un reconocimiento en la zona de Maldonado en el 1730, asesorado para esto por el ingeniero Domingo Petrarca. Este último le informó acerca de una situación negativa de la zona para poblar, contradiciendo al padre Lozano, quien opinaba lo contrario. Se destacó un fuerte con pocos guardias en forma precaria y provisorio que más adelante fue reforzado y mejorado por Ceballos, con lo cual los primeros habitantes de Maldonado tuvieron un interés por el progreso.

Juan Vertiz, gobernador de Montevideo.

2. Antonio de Ceballos

Al existir numerosos problemas provocados por las incursiones portuguesas —apoyadas por sus partidarios en el vecino Brasil, que tenía sus intereses puestos en el río de la Plata—, España estaba obligado a preocuparse por la vida de América del Sur y, en este caso, por el río de la Plata.

El rey nombró ejércitos de ocupación, siendo el primero enviado para la ocupación segura por Antonio de Ceballos en 1755.

Antonio de Ceballos fue nombrado gobernador del Río de la Plata. Tomó el cargo y se dedicó a organizar la ciudad. Además, exigió la entrega de Colonia a los portugueses y la isla de Martín García con un ejército y más de ochenta barcos y muchos indios, todos ellos al mando de Antonio Olaguer Feliu, quien después fue gobernador de Montevideo.

Reconquistador de la Colonia del Sacramento para España, reorganizó Maldonado y fundó San Carlos en 1763. Más adelante, creó la Estancia del Rey en José Ignacio para tener ganado a disposición según las necesidades. Asimismo, fue el gobernador del Río de la Plata después de Zabala a partir del año 1775.

Entretanto, Montevideo dependía de Buenos Aires y crecía con normalidad. Sin embargo, el resto del interior de la campaña de la Provincia Oriental se había estancado, con excepción de Colonia del Sacramento, en donde se dio un desarrollo importante portugués y la cual había sido reconquistada varias veces.

Ceballos se destacó como virrey en reorganizaciones de pueblos y ciudades, así como en mejoras edilicias. Fue, en ese sentido, uno de los virreyes que duró más tiempo en el Río de la Plata. Luchó contra las invasiones inglesas y prestó ayuda a la migración guaraní retirada de los jesuitas desde San Borgia.

Respecto al territorio de la Provincia Oriental, Ceballos se preocupó por poblar y organizar la zona del este desde Maldonado para evitar que ingresaran portugueses y sus socios los ingleses, además de los franceses, quienes amenazaban de forma permanente. Para eso, nombró a un secretario suyo de confianza conocido en sus campañas por realizar una extraordinaria actividad. Este secretario era Rafael Pérez del Puerto.

Para saber más sobre este gran personaje, verdadero ingeniero de pueblos, creador y organizador del este, el lector puede acercarse a la obra de la Dra. Florencia Fajardo Terán titulada *Ministro de la Real Hacienda*, publicada en 1978 por el Comité Departamental de Maldonado. Quien lea este libro podrá saber quién fue ese notable visionario.

Ceballos en España

Ceballos en América

Fuente: Wikipedia

Ceballos en San Carlos

3. Rafael Pérez del Puerto

Una vez instalado Pérez del Puerto en Maldonado, de inmediato trató de resolver la situación de la zona solicitando más presencia de habitantes para poblarla. Esto debido a que pudo constatar la carencia de los mismos en su inspección de reconocimiento. También recibió el lugar y sus alrededores con casi doscientos vecinos distribuidos por regiones más cercanas.

De igual manera, Pérez del Puerto reorganizó el ejército de operaciones para controlar a los portugueses y a los charrúas; los primeros podrían invadir para quedarse con las tierras que siempre quisieron —pero no pudieron—, mientras que los segundos intentaron defender las tierras que eran suyas y que estaban perdiendo. A esa altura, los enemigos de los españoles solo consistían en portugueses y charrúas.

Además, Pérez del Puerto creó la aduana y compañías marítimas; fue jefe de guerrilla, encargado por naufragios en el mar, así como de la organización de la venta de lobos marinos, tabaco y naipes. Empezó y terminó el Cuartel de Dragones, dirigió la construcción de la nueva Iglesia de Maldonado, la torre de Vigía y recibió a su pedido la presencia del sabio Félix de Azara desde España con el fin de colaborar y planificar uno de los grandes objetivos que siempre tuvo y defendió, a saber, la distribución de tierras.

Algunos documentos permiten interpretar cómo era la aptitud y la vida personal de Rafael Pérez del Puerto. Era católico practicante y dedicado a la familia; se regía por las normas cristianas profundas de la época y como todos los personajes importantes de las ciudades, tenía esclavos. Muchos de ellos habitaban las viviendas del ministro. Sobre esto, existe un documento que trata de los esclavos en Maldonado. En este se demuestra el trato normal y humanitario con ellos en su casa.

Por ejemplo, no había ninguno que no se cristianizara de forma obligatoria: es decir, se convertían al cristianismo y sus vidas eran regidas por esos principios morales. Las parejas de esclavos que se enamoraban y consentían el visto bueno del ministro eran inscritos y casados en la oficialidad por la Iglesia y por el juez como cualquier blanco socializado. Asimismo, estaban obligados a respetar la familia, y aunque pudiesen haber tenido dificultades con la aceptación tanto de la Iglesia como de las autoridades, lo cierto es que el carácter, el poder y el cargo que ostentaba era superior a cualquier discriminación. Una de las pruebas también era la insistencia de otorgar a los negros y a los indígenas tierras y medios para trabajar.

Sobre este último tema, recordemos que Pérez del Puerto fue el primer gobernante que insistió en el reparto de tierras a todos por igual sin distinción de jerarquías, sin importar que fueran indios, negros, blancos o personas pudientes. Al respecto, la frase más repetida en los documentos señalaba lo siguiente: «Dar tierra a las personas laboriosas y aplicadas, en forma gratis y a los que sean capaces de trabajarla, para considerarlos pobladores».

En el expediente citado por el Comité Patriótico de Maldonado por Florencia Fajardo respecto al pedido del indio Martín Félix, decía: «Me hallé facultado para repartir proporcionalmente a los vecinos pobres, los terrenos que medían [...]». Otras de las frases más repetidas eran estas: «Las tierras debe darse gratuitamente a las personas capaces de ser laboriosas y aplicadas».

Quizás esta política iniciada en Maldonado haya sido de inspiración para el jefe de los Orientales en 1815, que no solo dispuso, sino que repartió tierras, ya que tuvo relación directa con Rafael Pérez del Puerto y con Félix de Azara, tal y como aseguran en muchos estudiosos del tema.

Una de las dedicaciones más importantes de este ministro de la Real Hacienda fue terminar con la construcción del cuartel de Dragones, que había comenzado en el año 1771 y que terminó en 1793. Sobre esto, el problema principal se debía las muchas dificultades de encontrar madera dura para las puertas y las ventanas, así como una gran cantidad de piedras necesarias y mano de obra especializada. Esta dirección estaba a cargo del ingeniero francés Juan Howel.

La ley de perdón a contrabandistas y ladrones, con excepción de los criminales, permitía el ingreso al ejército de diversos bandoleros de la campaña, entre ellos a José Artigas. En 1797, Pérez del Puerto comunicó al virrey que el cuartel estaba en condiciones de ser ocupado, por lo que se recurrió a una lista de veinticuatro aspirantes anotados para el recién creado Cuerpo de Blandengues, cuyo número doce era el ya mencionado José Gervacio Artigas. Este se presentó el 10 de marzo de 1797 con sus equipos exigidos como caballo y armas, requisito obligatorio. Para más información sobre este tema, el lector puede dirigirse a la obra de Florencia Fajardo Terán titulada *Artigas en Maldonado*.

Esta presencia de Artigas para iniciar una nueva vida como integrante de las fuerzas militares de la época lo llevará a tener una exitosa *performance* durante catorce años. Llegó a Maldonado y fue distinguido para recolectar personas y combatir delitos, trabajo que completó como soldado al servicio del ejército español y como el futuro gobernante para una naciente provincia independiente. Ejecutar trabajos de vigilancia y control en los campos del este le permitió adquirir una vasta experiencia campesina a la nueva actividad, y como soldado la complementó con su personalidad y carácter. Además, armonizó su inteligencia como el futuro gobernante que estaría destinado a ser.

Por otro lado, no hay nada que confirme que fue un recluta en una escuela o que realizó algún estudio para la función asignada. Por el contrario, todo parece indicar que se le nombró de inmediato jefe de partida y que, además, se le otorgó personal a cargo y armas. Sería por su fama, por su experiencia o solo por ser el hijo del capitán Martín Artigas.

Lo anterior se pudo deber también a estar cerca y conversar con un genio como Pérez del Puerto, creador pasional en su actividad gubernativa. Quizás aprendió mucho el blandengue, que sabía de campo, pero no de administrar pueblos. Contrató a un ejecutor de obras y experto en el reparto de tierras, Félix de Azara, para poblar centros sociales con equidad, justicia y transparencia; con responsabilidad en el uso de los dineros que el gobierno confiaba en el ministro de Hacienda, como fue ese gobernante creador del este.

La dedicación en poblar y hacer funcionar las ciudades con población activa lo llevó a preocuparse por San Carlos, fundado por Ceballos y llamado «el pueblo de los isleños» por la importante población que se radicó ahí proveniente de las islas Canarias. Su nombre se otorgó en honor al rey español Carlos III, además, coincide con el nombre de Carlos Borromeo, santo italiano que falleció por la epidemia y cuyo nombre se designa a la Iglesia que estaba en construcción, dándose por terminada cerca del año 1800 según los testimonios existentes escritos sobre el tema.

Maldonado, que ya existía en aquella época, estaba casi desapareciendo, pues tenía cerca de cien habitantes pese a que el gobernador de Montevideo Viana había realizado repartos de tierra a muchos españoles. No había más de diez habitantes cerca de los arroyos en cada una de las zonas de Garzón y José Ignacio, además de otros pueblos, los cuales también contaban con muy poca población.

En 1793 Perez del Puerto, se dedicó a la formación de la Villa Concepción de la ciudad de Minas. Tomó la decisión de fundar la Villa de Rocha en el mismo año y, asimismo, contribuyó a poblar Castillos y Santa Teresa. De igual forma, reorganizó la caballada del rey en Don Carlos, lugar de ubicación de ganados de un tal Jorge Viera. Sin embargo, no sabemos si era el Viera que Vigodet mandó poblar en el este de Maldonado antes de irse para España o uno de sus descendientes.

Los viajes que autores describen en los trayectos de Pérez del Puerto desde la villa de San Carlos hasta la formación de Rocha como Villa, por un camino de tierra cruzando varios arroyos y varios afluentes que existen en ese trayecto, por donde por tantos años circularían caballos, carretas, carros y ganado de todo tipo... es posible que se hayan detenido en el arroyo Garzón.

Ahora bien, un dato para investigar y entender el porqué de las ideas de Artigas como gobernante en 1815 se relaciona con la importancia que Pérez del Puerto le daba al reparto de tierras para poblar las zonas. Así, insistía en el proyecto incluso más práctico y realista que la idea de Félix de Azara, la cual consistía en aplicar las normas españolas y se resumía en un sentido muy práctico en el siguiente esquema, según información de Florencia Fajardo Terán:

1° «No es necesario que quien las reciba ostente calidad de vecino, basta que sea un hombre laborioso y honrado».

2° «Debe entregarse tanto al español como al portugués y también sin distinguir el color de la piel».

3° «La entrega debe ser gratuita y sin largos y costosos trámites», y por último agrega: «A la autoridad y al erario le interesan las tierras que producen y no las incultas».

Estas ideas las escribía y repartía como órdenes en 1793. Artigas se inscribió como soldado de Blandengue en su despacho y tuvo varios días en conversación con Pérez del Puerto en el año 1797. Recién terminado el cuartel para habilitarlo, salió junto a Azara para Batoví con el propósito de repartir tierras y poblar asentamientos con familias, quedando ahí por un tiempo después de que se retira Azara para Buenos Aires.

Recordemos que, en este punto, cerca de Brasil, es un posible lugar en donde conoció al africano, un tal Joaquín Lencina, más adelante conocido como Ancina, quien lo acompañaría hasta su muerte.

Con lo anterior se puede presumir, con fundamento, que Artigas se instruyó en Maldonado con Pérez del Puerto sobre el tema del reparto de tierras que en su gobierno de 1815 aplicó.

Por otra parte, y si releemos los dictados de Artigas para el *Reglamento Provisorio de la Provincia* de 1815, podemos constatar que en la segunda parte del artículo 6° reza lo siguiente: «En consecuencia, los negros libres, los zambos de esta clase, los indios y los criollos pobres, todos podrán ser agraciados con suerte de estancias, si con su trabajo y hombría de bien, propenden a su felicidad y a la de la Provincia». Lo mismo que escribía Pérez del Puerto.

A partir de ese libro también podemos presumir que Artigas, en el año 1797, rumbo a Santa Teresa, con cien blandengues a su cargo, pasó y se detuvo en el arroyo Garzón.

Ya retirado, Rafael Pérez del Puerto falleció en 1830 en Buenos Aires.

La capilla del cuartel de dragones.

Torre de vigía y cuartel de dragones.
Obra de Rafael Pérez del Puerto.

4. San Carlos mirando al este

El apoyo de Ceballos fue notorio por considerarse el fundador de la Villa de San Carlos. Teniendo esto en cuenta, le dio instrucciones a Rafael Pérez del Puerto para la dedicación que debía hacer respecto al este del territorio oriental.

Muy bien y agradecido se ha manifestado el pueblo de San Carlos que implantó un monumento a Ceballos en una plaza pública. Los españoles que conquistaron América por las malas y no pudieron o no supieron mantenerlo, es cierto que hubo criminales, pero también entre ellos hubo hombres bien intencionados.

Coincidiendo con la llegada de los españoles de las islas Canarias, los cuales eran destinados a la Patagonia, esos grupos humanos terminaron asentándose en el este.

Se distribuyeron las familias de indios tapes guaraní que venían de las misiones cristianizados y capacitados para el trabajo, con o sin familia, y que serían la mano de obra más importante de la época.

Ceballos permitió que los portugueses que se retiraban de Colonia se radicaran en San Carlos, como también numerosas familias llamada de los «isleños», quienes con copiosas carretas, soldados, indios y familias arribaron desde el norte.

Familia guaraní.

Nuevos españoles que llegaban, una misión militar era necesaria siempre para poblar y para evitar el ingreso de indios charrúas rebeldes y portugueses. Estos últimos habían conquistado Santa Teresa estando muy cerca.

Ceballos tuvo el apoyo además de las jerarquías eclesiásticas católicas, las cuales fueron piezas fundamentales para que los pobladores tomaran responsabilidad y cariño para adaptarse en sus inhóspitos lugares designados para vivir.

A partir de 1763, Ceballos se preocupó —según diversas correspondencias que fueron transcritas por el historiador argentino Marcos de Estrada—; Ceballos funda una iglesia, además de diversas construcciones a cargo de varios personajes como un tal Cossio, el capataz Machete y otros; a ordenar un grupo militar de defensa y a realizar plantíos y crianza de animales.

Al mismo tiempo, era necesario correr por la fuerza a los dueños de esas tierras, es decir, a los charrúas, que eran indómitos y que amenazaban con atacar desde las cercanías a los intrusos extraños, pues para ellos estos, tenían costumbres muy distintas.

Ello coincidió con la retirada de muchos portugueses cuando la ciudad de Colonia del Sacramento volvió a pertenecer a España, y con el tratado de San Ildefonso. Con este tratado, portugueses que habitaban la zona Este de la Provincia, pasaron a poblar San Carlos. A propósito, el desarrollo de esta villa fue fundamental para las relaciones entre Maldonado y el este del territorio oriental.

De esta manera, a Garzón le correspondió vivir entre dos grandes; San Carlos y Rocha. Podría afirmarse que el primero, más antiguo, fue el padrino del segundo, lo que significa que Rocha nació con total apoyo de San Carlos. En los primeros tres años, San Carlos tuvo un exitoso apogeo, de modo que muchas familias trabajadoras formaron caseríos, además de la primera capilla cuya construcción fue apoyada por Ceballos. Y aunque su estructura no era la adecuada —como toda construcción precaria de pueblos que nacían—, la gente se establecía y lo primero en lo que pensaban era en fundar una capilla.

Al respecto, sorprende la información hallada en el estudio de Florencia Fajardo *Artigas y la villa de San Carlos*. Por ejemplo, impresiona el éxodo de familias con más de 80 carros, ganado, carretas, caballos, mercaderías, más de 800 bueyes y 1300 cabezas de ganado. Se trató de una migración en todo su esplendor de una población isleña que llegó desde Río Grande en el año 1763 haciendo centro en Santa Teresa, en pleno invierno, para afincarse en San Carlos, pero que antes de eso indudablemente descansaron en el arroyo Garzón.

Si un escritor pretendiera escrudiñar en la historia, al nombrar la ciudad de San Carlos se dará cuenta de que también podrá mencionar cientos de anécdotas, señalar importantes obras como la primera iglesia del Uruguay, así como famosos seres humanos, entre ellos Alberto Moroy, José Martínez, Cayetano Silva, Elichiribety, y otros más.

Miguel Bianchi, pintor, escritor y profesor, comentaba lo que estampó en un libro de su autoría, a saber, el caso de una hacendada de San Carlos de nombre Manuela Pérez, quien ya hacia principios del siglo XX había adoptado a tres niños hijos de esclavos negros. Uno de ellos era varón y realizó estudios secundarios, además de música. Su vocación fue notada con rapidez, convirtiéndose en uno de los más famosos músicos del este, Rocha, Maldonado y San Carlos. En estos lugares lo contrataban, actuaba en varias orquestas y daba conciertos de piano. Orgulloso de su condición de negro destacado, no se denigraban a descendientes africanos que se destacaban en esa época, salvo por la política de esclavitud que existía en todo el mundo. Sin embargo, los que tenían condiciones naturales y eran ayudados se hacían notar. Así, su nombre figuró a través de toda una época. Se trataba de Valerio Pérez.

No obstante, no se deben dejar de mencionar tres personajes que marcaron un rumbo extraordinario, no solo para la zona, sino para el país a finales del siglo XIX. Uno de ellos fue el padre de la Iglesia Manuel de Amenedo Montenegro, impulsor de San Carlos y de Rocha, atento a tantos otros problemas que existían y que intentaba resolverlos en persona, tal como lo mencionamos en estos apuntes.

Otro fue Agustín Abreu, vencedor de las invasiones inglesas sobre la ciudad de San Carlos, aunque murió en dicha batalla.

Y el tercero ya más adelante en el tiempo el «León del Este», que derrotó a los portugueses liberando el Este del territorio de la Provincia Oriental.

La villa de San Carlos, fundada en 1873, se transformó en ciudad entre 1940 y 1970. Fue en esta época cuando se convirtió en un lugar muy destacado a nivel cultural y social. Era un centro intelectual de aquel periodo, aunque esto, por supuesto, no quiere decir que no haya mantenido tal condición luego de estas décadas. Sin embargo, y como hemos confirmado anteriormente, Punta del Este absorbió en tiempos modernos a los pueblos vecinos, y la mirada si bien no única, pero principal de la zona fue el turismo, no la cultura propiamente dicha.

Hoy en día, San Carlos es una ciudad en la que muchas personas, hombres y mujeres, viajan de ida y vuelta para trabajar en la península del Este.

La iglesia de San Carlos, la más antigua del Uruguay.

Otros personajes poco conocidos y ocultos tras los papeles de la historia fueron Agustín Abreu y José Martínez. Durante las invasiones británicas a la Provincia Oriental en octubre de 1806, los atacantes ingresaron por el puerto de Punta del Este, tomaron la Isla Gorriti y pasaron a Maldonado. Allí destrozaron la ciudad, mataron a inocentes, robaron y provocaron la huida de numerosas familias a los campos y hacia San Carlos.

Luego, el 30 de octubre, parte del Ejército británico sitió la ciudad de San Carlos, lo que provocó la alarma y el pánico en una pacífica población que trataba en gran medida de abandonar sus viviendas para huir hacia zonas de seguridad. El alcalde recibió a las autoridades militares británicas y explicó que era un pueblo pacífico sin armas. No obstante, la respuesta fue la exigencia de proveer alimentos y gran cantidad de caballos, que era la primera necesidad de los invasores.

Muchos ciudadanos ofrecieron retirar de sus estancias y campos lo que se pudiera conseguir. Sin embargo, después de tres días las exigencias fueron mayores: solicitaban de inmediato 600 caballos, lo que era imposible de cumplir.

Al mismo tiempo, enterado desde Montevideo, habían nombrado al teniente de fragata retirado Agustín de Abreu con una partida de soldados rumbo a San Carlos. Una vez en la villa, apoyaron a varios pobladores y, además, arribó el resto de los soldados, quienes se salvaron de la invasión en Maldonado gracias al trabajo del coronel José Moreno.

Enfrentados con la partida británica, los orientales atacaron de forma directa a los sorprendidos invasores matando a uno de sus jefes y a varios soldados. En la lucha también pereció el teniente Abreu, quien pronto fue relevado por Martínez. Los británicos huyeron hacia Maldonado y dejaron en libertad a la confundida ciudad.

El historiador Marcos Estrada relató esta lucha refiriéndose a los hechos posteriores en relación con todo lo sucedido en la zona y con base en las descripciones hechas por el cura Manuel de Amenedo. El 7 de noviembre de 1806 se convirtió pronto en una fecha recordada en San Carlos como el día de la valentía de su pueblo. Asimismo, la ciudad reconoció al valiente Agustín

Abreu al designar una calle en su nombre. Montevideo también designó una calle con su nombre, la cual termina en 8 de octubre por el Sanatorio CASMU.

Tumba de Agustín Abreu en la iglesia de San Carlos

Otro personaje reconocido de San Carlos, pero aparecido en 1825 fue Leonardo Olivera, apodado el «León del este». Olivera sirvió al general Lavalleja, uno de los más importantes y famosos héroes de la liberación oriental. Leonardo Olivera nació en Rocha, habitó San Carlos y cruzó el arroyo Garzón para liberar Santa Teresa, San Miguel y El Chuy de los portugueses. Esto lo hizo a través de una estrategia sigilosa y sorpresiva con cerca de 50 soldados gauchos que lucharon contra una numerosa y bien armada tropa de Portugal, la cual ocupaba toda la zona del Atlántico.

El historiador César Pintos Diago, quien realizó la historia más completa del héroe del Este, relató la increíble odisea y la forma en la que tomaron la fortaleza construida para resistir ataques exteriores. Estas tropas fueron vencidas por gauchos mal armados, quienes capturaron a más 600 soldados con cañones y armamento de fuego preparados para conquistar el Este. El historiador refirió que, al invadir los brasileros por Cerro Largo y llegar a los límites de Rocha, los pobladores, que ya conocían la crueldad de los invasores, se trasladaron como pudieron al sur para llevar las noticias a la villa de Rocha.

Los ciudadanos rochenses escribieron cartas para solicitar la intervención de Leonardo Olivera, quien estaba defendiendo la ciudad de Maldonado y Punta del Este de invasiones intermitentes. Lavalleja dio la orden de hostigamiento el 3 de noviembre de 1827, con lo cual Olivera se dirigió a San Carlos y después a Santa Teresa.

Monumento recordatorio de los valientes conquistadores del este con Leonardo Olivera.
En la plaza principal de San Carlos hay un monumento recordatorio con el nombre de los 50 carolinos que integraban esa partida.

Leonardo Olivera, el «León del Este».
Nacido el 26 de noviembre de 1793, fallecido en San Carlos el 12 de abril de 1863.

5. Los caminos del rey a Rocha

En su libro *Historia de la ciudad de Rocha*, Fajardo Terán brinda información sobre el movimiento permanente que existía antes y después de la fundación de esa ciudad en el llamado Camino del Rey.

Rocha era considerada necesaria para frenar la entrada de portugueses que estaban en Santa Teresa, y el Camino del Rey fue siempre el mismo que sirvió como puente para el traslado de mucha gente desde San Carlos a Rocha pasando por Garzón en todos los tiempos hasta la construcción de la Ruta 9 en 1940.

Pérez del Puerto insistió en la necesidad de poblar el este de la Banda Oriental lo más pronto posible, establecer familias que pudieran trabajar con apoyo y crear un asentamiento con nivel de una villa. Sin embargo, y de acuerdo con lo observado en los pobladores, notó que estos tenían una inclinación por la ganadería y no tanto por las chacras, lo que era necesario incentivar.

De esta manera, y para crear las poblaciones hacia el este desde San Carlos hasta Santa Teresa por el Camino Real, Pérez del Puerto creyó que era necesario ver la situación y los lugares favorables él mismo, por lo que emprendió un recorrido de inspección personal.

Salió entonces en expedición con baqueanos, con el Ingeniero José Pérez Brito y con varios ayudantes para recorrer el camino en busca de los mejores lugares para poblar que tuvieran agua limpia, arroyos, leña y bosques, además de tierras proclives al criadero de animales.

No obstante, el primer recorrido tras salir de San Carlos no fue muy agradable, por lo que decidió volver al año siguiente, en de septiembre de 1794. Este viaje le llevaría varios días —quizá en carruajes, con carpas, caballos, carretas y algún animal comestible—. Al parecer, el arroyo Garzón sería el primer lugar de detención y descanso. Allí vio que no se trataba de una de las tantas cañadas que se interponían antes de este.

Pérez del Puerto buscó zonas con agua y lugares fértiles, pero quizás ese lugar lo veía muy cercano para fundar un pueblo, así que continuó la marcha con el objetivo de llegar al arroyo Rocha. Entre otros, uno de los motivos por los que no le pareció correcto poblar antes de Rocha se debió al desarrollo de la ganadería, a la cual consideraba dar mayor extensión.

En aquel momento, San Carlos crecía en población y la vieja iglesia de barro y paja construida en el año 1775, la misma que Ceballos había apoyado por solicitud, era derrumbada para hacer otra de tejas y material.

Se puso entonces la piedra fundacional de la nueva iglesia de San Carlos, hecho que ocurrió el lunes 5 de noviembre de 1764 por el padre don Manuel Amenedo de Montenegro, quien bendijo la piedra cuadrada y angular y la puso con su cajita con monedas de oro y plata con alegría y fiesta. Tales datos fueron extraídos del libro de Carlos Seijo referente a esta iglesia. Por lo demás, el acto fundacional confirmó, al mismo tiempo, la actividad enorme de personas y del gobierno que había en esta zona por ese año.

El ministro se interesó en lugares que tuvieran arroyo como el de Rocha. Afirmaba con sabiduría que era necesario poblar en condiciones que permitieran erigir villas intermedias dada la distancia existente entre Santa Teresa y San Carlos. Al respecto, señalaba lo siguiente: «Del arroyo Rocha a Santa Teresas hay 23 leguas, hacia el oeste, hay 15 leguas hasta la Villa de San Carlos, 17 leguas del arroyo Rocha y 47 leguas a Montevideo, hacia el sur 5 leguas del mar, y una laguna de mucha capacidad». Para él, Rocha era el punto ideal intermedio más aceptable.

De esta propuesta surgió el hecho de que muchas villas que ya funcionaban servían para apoyar el nacimiento de otras. Es el caso de San Carlos, territorio que se extendía hacia al este e influenciaba la labor de asentamientos, los cuales se convertían en centros de dominio territorial. Se recomendaban como partidos para poblar José Ignacio, Garzón, Rocha, Don Carlos, Chafalote y Santa Teresa.

Lo anterior complementa que, para comprobar la situación de los terrenos hacia el este con el objetivo fundamental de fundar Rocha, el recorrido de Pérez del Puerto necesitaba de San Carlos, no solo por la población que podía trasladar y ayudar, sino por el apoyo de la curia católica de esta ciudad, donde la iglesia tenía respaldo de Buenos Aires y con un gran empuje para construir.

A propósito, fue el mismo padre de San Carlos, Manuel Amenedo de Montenegro quien reorganizó la población inicial para crear la capilla de Nuestra Señora de los Remedios de Rocha. Al respecto, es posible confirmar que el 13 de diciembre de 1794 fue el comienzo de las construcciones en Rocha a partir del establecimiento de familias, de capataces y de obreros encargados para el futuro desarrollo.

Sobre esto, es preciso recordar que 50 años antes de 1740 el arroyo Garzón ya tenía su nombre conocido en la zona y, además, había varios ranchos y asentamientos de algunas familias en el lugar cerca del arroyo. Existe documentación en donde se menciona que en 1750 no existía población que no fuera indígena en la zona, salvo en Maldonado, donde estaba la partida de guardia militar en el puerto.

En 1755, el gobernador Viana decidió refundar Maldonado a través de un reparto de tierras. No obstante, para 1761 solo se mencionaba una estancia española de un tal Mateo Morelas en el arroyo de José Ignacio. Luego, en 1768, se instaló una guardia Militar sobre el arroyo, que en esa fecha era conocido con el nombre de Garzón sobre el Camino del Rey hacia Rocha. Según la publicación del *Diario la Democracia*, en este lugar se construyeron ranchos y establecimientos para los militares asentados allí.

Fue a partir de 1794 cuando se dio el primer empujón de crecimiento de la zona de Garzón como consecuencia del movimiento generado en esa fecha de San Carlos hacia Rocha. La detención de carretas y caballadas en este lugar era casi obligatoria, por lo que es posible que muchas familias se hayan quedado a vivir allí.

Cerca del arroyo Rocha había mayor población e incluso ya existía una capilla provisoria. Además, se había comenzado a construir —aunque de forma precaria— y a partir de la llegada del ministro de la Real Hacienda, y con la invitación de apoyo al padre de la iglesia de San Carlos, Manuel de Amedano, se hizo un adelanto importante. Así, el padre reunió a la población y organizó un centro religioso que, junto con las construcciones militares y de resguardo de la zona atentas a la invasión portuguesa, fueron los dos movimientos constructivos que permitieron el desarrollo de la villa y la mantuvieron sin dejarla caer hasta el año 1803. Se puede considerar que para aquel año Rocha ya era un importante pueblo al extremo este de Maldonado.

Por otra parte, es interesante aclarar que el Dr. Felipe Ferreiro, estudioso de esta zona, determinó con documentos probatorios firmados por el propio padre Amenedo que antes de la llegada de Pérez del Puerto en 1794 ya existía un caserío en el lugar, incluso un primitivo cementerio y capilla, quizás ranchos de tierra y paja, destacando que donde había gente de origen español o portugués, que como era de rigor, lo primero era construir una capilla y un cementerio, aunque estos fueran rudimentarios.

Entretanto, y respecto a la estadía de Artigas en Maldonado y San Carlos, Fajardo Terán señaló la relación de nuestro héroe con el padre Amenedo, quien le envió un regalo al blandengue recién ingresado al Cuerpo de milicia, aunque no se sabe con certeza cuáles fueron los elementos enviados salvo por el vino, cosecha del padre, que era muy entusiasta para la agricultura. En su respuesta de agradecimiento, Artigas comentó que el vino no había llegado en condiciones, pero que lo probaría en otra ocasión en su viña. Las atenciones de este cura hacia muchos jerarcas de la época fueron varias. Era muy relacionista y enviaba obsequios a muchos dirigentes, cuyas cartas de agradecimiento se conservan hoy en día en los registros.

Ahora bien, cabe anotar que la ciudad de Rocha crecía poco a poco, pero esta dependía en su totalidad de Maldonado y San Carlos debido a que estos centros poblados, se encontraban a la menor distancia, correspondía, además, por estar Rocha dentro de la zona del Departamento de Maldonado.

Es así como se contrató a los pedreros de Maldonado, quienes cubrían las calles, en este caso los de las cuadrillas de un tal González con sus obreros especializados, llevando 800 carradas de piedra para cimientos. A partir de ahí, las canteras de Garzón pasaron a ser lugar de incursión frecuente.

Más adelante nos referiremos a esa zona, donde un especialista en corte de piedras de apellido Lazo, venido de Santander, se convirtió en un experto pedrero en la zona del este. También se llevó a la zona material de labranza arados, yugos y bueyes. Hubo además una relación muy directa con un tal Miguel Yarza, personaje que desde el comienzo aportó diversos materiales y controló otros. De esta manera, el movimiento de Maldonado a San Carlos y a Rocha entre los años 1794 al 1796 fue abundante, pues al pasar por Garzón convertían a esa zona agradable en verano con un limpio arroyo y sombra en lugar de campamento obligado.

Asimismo, la relación entre Maldonado y Rocha fue tan estrecha, que el triángulo de las ciudades Maldonado, San Carlos y Rocha en esa época fue una zona donde se movían de forma permanente muchos personajes. Por ejemplo, en 1800 se enviaron a Rocha 22 familias de Maldonado para establecerse en esta ciudad. Para 1783, se cuentan entre los impulsores de Rocha varios importantes dirigentes, incluyendo al que llegó a ser alférez real de Rocha: Miguel Antonio Zalayeta. Se trataba de un personaje que llegó joven a San Carlos para vivir allí y se casó en ese pueblo pasando a integrar Blandengues, donde ocupó el cargo de teniente de caballería de Maldonado. En ese año fue trasladado a Rocha, donde con su trabajo fue considerado un importante personaje rochense que le dio toda su sapiencia y energía al crecimiento de esa ciudad. Falleció en 1802 y su entierro fue una gran ceremonia que causó pesar. Su esposa, María Núñez, oriunda de San Carlos, falleció 30 años después. Ella también fue considerada un importante personaje, siendo rectora en Rocha y patricia de relieve en la historia del crecimiento de esa ciudad.

Es interesante aclarar que el movimiento que dio lugar a la creación de la villa de Rocha atrajo a varios personajes que hasta esa fecha eran desconocidos y que poseían estancias muy importantes con gran cantidad de ganados y viviendas acomodadas alrededor de la zona y que, además, se acercaron y se convirtieron en ciudadanos rochenses integrados en su futura vida. Entre ellos se encontraban Toribío del Barrio, hijo de un poblador de San Carlos; Domingo González, hijos de Juan Fabre y muchísimos más.

De acuerdo con lo mencionado hasta ahora, en esa zona del este vivían pobladores en movimiento mucho antes de la fundación de Rocha como su capital. Se realizaban muchas tareas campesinas, además de exportación de ganados quizás con ayuda de los faeneros de Buenos Aires, quienes llegaban con barcos a las playas de la Banda Oriental y dejaban y cargaban todo tipo de material necesario para esos primeros pobladores y de regreso para el comercio con Buenos Aires.

Fue en 1801 cuando se declaró al poblado de Rocha como villa. Para 1808 se determinaron los límites de esta zona del este, los cuales comprendían desde el arroyo Garzón hasta el de Castillos según orden del Virrey Arredondo, quedando esos partidos determinados para su administración.

Toda la zona del este continuó con un crecimiento sostenido. Maldonado tuvo al movimiento portuario como un punto fundamental para la provincia, entrando en 1800 como una zona progresiva de mucha importancia para la Provincia Oriental o la Banda Oriental, que en esa fecha todavía no era ni provincia ni Uruguay.

Sin embargo, la parte negativa y triste de la historia tanto para Rocha como para las ciudades del Este desde Pan de Azúcar fue que hacia 1874 la epidemia de fiebre tifoidea se apoderó de toda la zona. En Rocha fue muy grave y se culpaba a un naufragio brasilero, cuyos pasajeros traían la peste. En esa época, se destacó el médico militar Eusebio Gerona con su actuación sacrificada al atender varias ciudades y villas del Este.

CAPÍTULO II

6. La revolución artiguista

Fue a partir de 1800 cuando surgieron las ideas independentistas en casi toda América y en Buenos Aires. Aparecieron los partidarios de cambios de gobierno hasta 1810, año en el que estalló la llamada Junta de mayo.

La toma de España en 1808 por Napoleón repercutió en toda América. En Buenos Aires se presentó una división entre quienes apoyaban al rey depuesto y aceptaban la autoridad del Consejo de Regencia de España para continuar siendo súbitos de ella; y entre quienes buscaban liberarse por completo de aquella nación. De esta manera, los movimientos políticos en Buenos Aires y en la Provincia Oriental fueron intensos.

La primera Junta, si bien no iba en contra del rey todavía, era una nueva institución, por lo que se hablaba de una constitución, lo que significó un adelanto positivo en la lucha por buscar la libertad. Situaciones similares ocurrían en el resto de América.

Sin embargo, había dirigentes que estaban en contra de la participación del pueblo, pues buscaban conservar los beneficios que obtenían del contrabando y de los esclavos. Por el contrario, los verdaderos revolucionarios como Mariano Moreno, Belgrano y otros sí pretendían la liberación del Gobierno de España a través de la representación de la voluntad mayoritaria del pueblo.

Entonces, se propuso como presidente al virrey Cisnero, pero por presión popular resultó elegido el nativo Cornelio Saavedra. Entretanto, Cisnero huyó a España y Santiago Liniers a Córdoba, siendo ambos extranjeros. Entre la Junta destacaba el oriental Manuel Antonio Artigas, primo hermano del blandengue José Artigas.

El Gobierno de Montevideo —a cargo de Elio— y sus habitantes estaban en contra de la Junta, porque estaban de acuerdo con el Consejo de Regencia Español, que veía con mal ojo a todas las juntas populares que se formaban en América por aquella época.

En 1808 Javier de Elio nombró capitán jefe al que hasta ese momento había sido sargento, el blandengue Artigas, ya famoso por su actividad en la campaña. De este modo, Artigas estuvo a cargo de la importante zona de Colonia de Sacramento, que antes había sido conquistada y reconquistada entre España y Portugal. Sin duda, este lugar era una de las principales preocupaciones.

Sin saberlo, aquel nombramiento fue una acción infortunada para él y para los españoles, puesto que a partir de ese momento cambiaría el rumbo político del Río de la Plata. En 1811 Artigas desertó de su alto cargo y abandonó el Ejército español como Jefe de Ciudad de Colonia que lo había nombrado el gobernador Elio. Se adhirió entonces a la Junta de mayo en Buenos Aires, la cual poseía un sentido que, si bien no estaba muy definido, sí estaba bastante cerca de la idea de independencia americana. El capitán José Artigas fue nombrado coronel y le brindaron apoyo tanto económico como personal en calidad de jefe de los orientales. Por su parte, Javier de Elio se mantuvo en Montevideo hasta que fue relevado por Vigodet en el cargo de gobernador. Sin embargo, para aquel momento era imposible gobernar el Río de la Plata, ya que el espíritu patriota crecía por un lado y la amenaza portuguesa por otro.

Ante esto, el gobernador Vigodet planificó asegurarse y proteger la zona del este a la que siempre intentaban ingresar los portugueses, situación que ya había sido comunicada por Artigas a Buenos Aires. Era necesario fortalecer a la Provincia Oriental en los posibles lugares de ingresos, por lo cual pensó con esperanza en un ejército de apoyo venido de España que, sin embargo, nunca llegó. Por tal razón, puso a un tal Viera a cargo de todo el este del territorio oriental.

Viera ingresó en territorio artiguista y se hizo cargo de algunas tierras de San Carlos hacia el este, pero ya como un simple propietario, porque la situación de comunicaciones con Buenos Aires era dificultosa. Vigodet, su protector, debió huir en 1814 ante la reconquista de Montevideo por parte de Carlos María de Alvear, quien le entregó la ciudad a Artigas.

La Revolución Oriental había comenzado con el grito de Asencio y después del triunfo de las batallas de San José y de las Piedras. Artigas era el jefe de los orientales y protector de los pueblos libres. Sin embargo, la realidad era que no tenía el control de Montevideo, pues esta estaba en poder de España.

En 1812, cuando Vigodet huyó a España debido al ataque de Alvear y la liberación de Montevideo, Artigas asumió el gobierno de la Provincia Oriental del Uruguay, incluso con Montevideo, y nombró a su primo Otorgues como primer gobernador oriental de esa ciudad. En Entrerríos gobernaba «Andresito», el indio ahijado del prócer.

Esos cinco años de gobierno artiguista fueron muy agitados, y en 1820 la invasión portuguesa, con ayuda de Buenos Aires y Brasil, convirtió a la Provincia Oriental en la Provincia Cisplatina donde Artigas, derrotado, se va al Paraguay. Varios jefes orientales fueron apresados y llevados al Brasil.

7. Sobre Artigas

La historia de Artigas es conocida, pero si hay que nombrarlo por haber estado en estas zonas del este, no debemos ignorarlo. Este personaje nació en San Felipe de Santiago y desde su juventud residió en Villa Soriano, en donde vivió cerca de 10 años en los cuales se dedicó al campo como contrabandista de ganado al lado de su amada Isabelita Velásquez hasta que ingresó a Blandengues en 1797 en Maldonado, donde pasó 14 años dedicado a esa milicia como soldado del rey con mucho éxito. Luego, se convirtió en revolucionario para luchar por la libertad, la democracia y la federación americana.

José Artigas. Obra de Zorrilla de San Martín.

Para la batalla de las Piedras hubo una intensa participación de la población de todo el territorio. El hermano de Artigas, Manuel Antonio, comenzó a reclutar gauchos y voluntarios en el este para la revolución. Mientras tanto, en Rocha se unió el joven Leonardo Olivera «El León» y varios voluntarios. ¿Se habrán detenido en Garzón? Es muy probable, ya que los transportes de personas a caballo por muchos kilómetros se hacían con descanso en arroyos apropiados y el paso por el arroyo Garzón era obligatorio. Por Minas se unió Juan Antonio Lavalleja; aunque ellos no fueron los únicos aportes del Este, sí fueron los más importantes a partir de ese momento.

Artigas fue vencido en 1820, tras lo cual solicitó exilio en Paraguay. Nunca quedará claro si fue con intenciones de volver o en realidad no pudo al ser tomado prisionero. El motivo de su retirada de la provincia que tanto había defendido se debió a su derrota ocasionada por la invasión portuguesa la que constituyó la Provincia Cisplatina.

Sea cuales fueren las hipótesis, lo cierto es que Artigas falleció en Paraguay. Sus restos se trajeron en 1919 —bastante tarde— y a partir de esa fecha se le comenzó a reconocer como un héroe americano. Era federal y gobernaban los unitarios, aunque no hubiera podido cumplir con sus objetivos y aunque haya sido destratado y perseguido por sus enemigos, quienes labraron la leyenda despreciativa de sus obras. Otros, más modernos, lo consideraron como un simple gaucho caudillo prepotente y porfiado.

Aunque lo cierto es que sí fue un gaucho caudillo, en realidad prepotentes y porfiado como son todos aquellos que luchan por su ideal. Además, dirigir a la gente de esa época en la que todos se creían gauchos caudillos era más difícil que hoy en día, cuando existen leyes para controlar los abusos.

Sin embargo, hay algo que nadie puede negar, a saber, las ideas por las que luchó, sus principios de federación armónica entre toda América; la libertad para los pueblos, una república para el Estado, democracia y constitución, así como atención y amparo a los indios, a los negros y a los pobres; consulta permanente al pueblo y no darle la espalda, reparto de tierras a los necesitados; primero la patria que el dinero propio, devolver el dinero del Estado cuando se retira, y en guerra la clemencia para los vencidos.

Ideas que en esa época de guerras sangrientas y de degüello al enemigo, robando y sacrificando a los pueblos, pocos héroes y dirigentes del mundo conocían.

No obstante, y a manera de conclusión, se puede afirmar que él no pudo triunfar con las armas; no era un buen soldado, sí fue un verdadero triunfador con las ideas. Le tocó a su alumno, el teniente Juan A. Lavalleja convertirse en el verdadero libertador de la Provincia Oriental.

8. Juan Ramón de León

El español Miguel Núñez Viera se había establecido por esos campos del Este, pero en 1820, al saber que la llegada de los portugueses con Lecor era peligrosa para su vida en esta nueva provincia, decidió vender los terrenos apropiados por él en 1813 a portugueses y a los querían vivir en el lugar, entre ellos a Juan Ramón de León, conocido como Fermín de León o Juan Fermín de León por algunos historiadores. Sea como fuere, fue partir de 1850 que ese apellido comenzó a aparecer en muchos lugares de esa zona. Además, se realizaron fraccionamientos para la venta, para la cual existía demanda, dado que querían poblar y sostener la invasión, comenzando a ingresar población de Portugal.

Quizás si no fueran enemigos de las ideas de Artigas, él o sus hijos hubiesen colaborado o participado de la travesía que Antonio Artigas realizó en mayo de 1811 y en la que pasaron por la zona de Garzón rumbo a las Piedras.

En la Provincia Cisplatina, portugueses compradores estaban entusiasmados con la ciudad de Maldonado y de San Carlos, la cual ya era un punto fundamental y estratégico del este del país al contar con las importantes reformas que hizo el genio extraordinario Pérez del Puerto. A más de 60 km de San Carlos, dicha zona, llamada del Garzón, arroyo y laguna que desembocaba en el Río de la Plata, correspondía al departamento de Maldonado, que abarcaba las villas de Maldonado, San Carlos, Minas y Rocha, esta última con muy poca población.

Juan Ramón de León conocía muy bien el camino de tierra que iba de San Carlos a Rocha y en el que se formaron algunos ranchos incipientes por el kilómetro 60, a 175 km de Montevideo, que sería el inicio del pueblo que se llamaría Garzón. Se piensa que dicho personaje vivió toda la época artiguista, la portuguesa y la de la Provincia Oriental reconquistada por Lavalleja con los 33 orientales, aunque es difícil pensar que llegara a conocer la República Oriental del Uruguay en 1830.

9. Las lagunas hermanas

El Río de la Plata se abastece de agua dulce por varias lagunas sin perjuicio de numerosos afluentes y arroyos. Al observar el mapa desde el norte del departamento de Rocha, las diversas lagunas son todas ricas en aves, vegetación y vida tanto animal como humana. Durante muchas décadas indígenas, europeos, orientales rioplatenses y por último uruguayos han obtenido de ellas grandes beneficios. Estas disminuyen su tamaño a medida que nos dirigimos hacia el oeste, o sea, hacia las poblaciones más «civilizadas» como Punta del Este o Montevideo.

Sin embargo, que disminuyan su tamaño no significa que se acorte la belleza y la producción natural. Al contrario, al ser más pequeñas y con poca población están más cercanas para que el ser humano las disfrute.

Es extraordinario ver cómo América del Sur, en sus costas que dan al océano Atlántico, antes de llegar al Río de la Plata está perforada de lagunas, que parece que intentan comunicarse entre sí: la enorme laguna de los Patos en Brasil Río Grande del Sur parece ser la madre de la hija mayor, laguna de Merín, la cual baña al departamento de Treinta y Tres. Quizás esta buscó unirse o lo habrá hecho con la laguna Negra del norte de Rocha y los bañados que la circulan, zona relacionada con la naturaleza cruda que presenta lugares naturales con poco tránsito humano, hasta que se convierta en zona turística, algo que, por cierto, lo tiene merecido.

Del Brasil la Laguna Negra o de los difuntos da nacimiento a los arroyos Sauce y el Peñón, los cuales tienden a abastecer a la laguna de Castillo ya en pleno departamento de Rocha. Antes de esa ciudad, está «Puntas del Diablo», pero enseguida nos tropezamos con la hermosa laguna turística que es la Laguna Rocha, hermana de la laguna Garzón. La última laguna que encontramos hacia el Oeste es la laguna de José Ignacio la más pequeña pero hermosa laguna.

En 1950 hubo intentos de unir las lagunas de Rocha y Garzón, sin embargo, esto fracasó y las discusiones en pro y en contra de este puente incluyeron argumentos como intereses personales económicos o políticos; conceptos intransigentes, teorías lógicas y razonables como la defensa de la naturaleza; algunos sesgados por la intolerancia y otros por el razonamiento. Por suerte, llegó la hora de la razón, que, aunque les cueste a los seres humanos siempre llega, de manera que el pleito se resolvió en 2015, 65 años después de la primera idea y de la primera discusión sobre el tema.

Mientras duraba la discusión de si sería necesario o no unir esas dos lagunas, los requerimientos del cruce fueron reemplazados, lo que confirmó en la práctica la importancia de esa unión por la famosa balsa de hidrografía que cumplió un noble servicio de transporte entre dos departamentos.

Respecto a la laguna Garzón, por el Decreto N° 341/014 esta se incorporó al Sistema Nacional de Áreas Naturales Protegidas. De acuerdo con la Ley N° 17.234 del año 2000, ya había sido incluida además en el Decreto N° 260/977, por medio del cual se creó el Parque Nacional Lacustre, y en el Plan de Ordenamiento y Desarrollo de la costa Atlántica en el año 2003.

La laguna de Rocha y la laguna Garzón fueron unidas por el puente circular sobre la Ruta 10. Esta operación fue realizada por Rafael Viñioli, ingeniero uruguayo con estudios en el exterior que en 2015 la inauguró, lo que provocó una reorganización del paisaje natural de las aguas de las lagunas, del mar y de los campos gracias a la creación artística de ingeniería cuyo objetivo se basó en entretener a los humanos que transitan la zona del Este.

Hoy en día, se puede afirmar que más que un sistema de puente para pasar de un lado a otro rompiendo las separaciones físicas entre hermanos, dicha unión representa un ejemplo mundial que atrae al verlo, no tanto como una solución de pasaje, sino más bien como una obra de arte ingenieril.

No obstante, la Comisión Asesora Específica de la Laguna Garzón, integrada por autoridades, vecinos y varios actores que analizan los problemas del medio ambiental no encuentran muy favorable esta construcción, puesto que afecta sin lugar a dudas a la naturaleza dado el mayor movimiento de vehículos, la cantidad de personas circulando, la pesca, los deportes en el agua, etc., que antes de la construcción se veía natural con el movimiento de aves y el espectáculo grandioso del paisaje.

Por supuesto, a estas posturas las asiste la razón, pero la practicidad que exige la necesidad de vivir diariamente se contrapone con otra razón humana, a saber, la necesidad de construir para vivir mejor. De cualquier manera, las cosas que hace el ser humano por su civilización no siempre son perfectas, y el hecho de realizar construcciones de la magnitud de esta conexión de lagunas, así como hacer ciudades, carreteras, autos y aviones perjudican mucho al medio ambiente. Por tal razón, es de gran relevancia realizar dichas modificaciones al paisaje de forma responsable con el fin de proteger a la naturaleza, ya que no estamos en la época de los nativos indígenas, quienes cuidaban muy bien el medio ambiente de la naturaleza porque no tenían el poder para destrozarla. Estas obras del ser humano afectan en buena medida al medio ambiente. Siempre ha sido así a lo largo de la historia dada la necesidad de progresar para el bienestar de la humanidad.

Se entiende por necesidad de progresar todo lo que el ser humano ha realizado sobre la Tierra, aunque varios de los intentos hayan sido negativos. No obstante, el ser humano dominó la naturaleza y cada cosa que hace la realiza sobre la Tierra y afecta lo natural, puesto que lo que hace es artificial. Así, un puente afecta al río, su vegetación, sus peces y sus pajaritos, pero lo cierto es sin un puente no podríamos cruzar un río. Las edificaciones de una ciudad arruinan el medio ambiente de la zona, pero necesitamos vivir en una ciudad. De cualquier manera, se determinaron y se esclarecieron algunas reglas para evitar que personas irresponsables dañen el ambiente.

No se puede perturbar la fauna nativa.

No se pueden talar montes nativos.

No se puede alterar el régimen hídrico.

Otras actividades requieren autorización.

Esperemos que se cumplan y que sean controladas.

El agua que corre por el río Cebollatí, generando los arroyos de Aiguá y Alvarez, quienes bajan hacia el mar atraviesan los departamentos de Treinta y Tres, Lavalleja y Maldonado, convirtiéndose en el arroyo Garzón, que desemboca en esa laguna. Este cuerpo de agua baña el pueblo que tomó su nombre, recibe quizás, y se nutre de la laguna Merín,

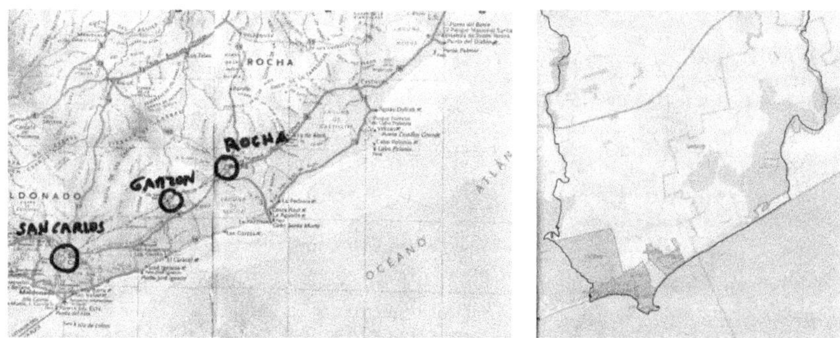

El arroyo Garzón desemboca en la laguna. José Ignacio sobresale en el río de la Plata.

10. Nacimiento del pueblo Garzón

Las playas de Rocha dieron testimonio del movimiento humano que recibieron dada su ubicación en la entrada del Plata, situación geográfica favorable para cualquier embarcación de aventureros. También cabe anotar que tanto Juan Díaz de Solís como Fernando de Magallanes desembarcaron en esas costas alrededor del año 1515.

Muchos documentos han registrado la cantidad de naufragios que hubo en la zona y en lo que se vieron implicados barcos provenientes de varios países; algunos con muchas personas fallecidas y otras que se quedaron a vivir. Todas ellas encontraban siempre restos de maderas y trozos de varios barcos, lo que sucede aún en la actualidad.

Desde 1700, toda la zona este de nuestro país era invadida de forma permanente por portugueses, franceses, y en realidad por cualquier navegante que pasara por allí. La mayoría de ellos sacrificaban animales para aprovechar su cuero y llevarlo a vender a los centros poblados. Cuando en 1777 el rey de España nombró a Zabala gobernador del Río de la Plata se asumió la tarea de vigilar, controlar y provocar la huida de los bandeirantes y otros que usufrutuaban las riquezas del mar y de los animales del lugar, consideradas ya propiedad del Imperio español.

Una de las anécdotas más interesantes es la del francés Ettiene Moreau, quien arribó al lugar con cuatro naves y logró almacenar miles de cuero para exportación. Zabala le declaró la guerra y fue derrotado por este. Dicho personaje aventurero hacía trabajar a los indígenas del lugar, y como hecho curioso, cuando llegaron los españoles se encontraron con algunos nativos que hablaban algo del idioma francés enseñado por Ettiene. Esto es un ejemplo de que no todos los charrúas eran guerreros.

Cuando la ciudad de San Felipe de Santiago de Montevideo empezó a crecer después de 1775, Ceballos fue nombrado gobernador del Río de la Plata. Este no podía olvidar a los pueblos que fundó en sus inicios como invasor de tierras desconocidas, por lo cual fijó su interés en esos territorios del este, de manera que nunca dejó de apoyarlos en tanto era una zona ideal para el ingreso de portugueses, franceses e ingleses a los cuales había que contener, todos interesados por las tierras fértiles.

Es de anotar que los movimientos humanos en esa zona aparecieron desde 1700 y estaban integrados por viajeros que buscaban ganado para «cuerear», lobos marinos y en general todo aquello que pudieran cargar en sus barcos, los cuales arribaban a las costas desde Rocha hasta Maldonado. Los pueblos que nacían por esa época tenían como objetivo de postas o lugares donde alguna familia se asentaba para pescar o criar algunas vacas y terneros vagabundos; hacían sus ranchos y si algún otro viajero pasaba por el lugar, lo más probable es que le gustara y decidiera quedarse.

Se trataba de un lugar que ofrecía posibilidades para subsistir, pues la franja del mar que da hacia el océano Atlántico ha sido beneficiada desde tiempos remotos por muchos arroyos con espectacular vegetación. A esto se suma que la cadena de lagunas ofreció un centro de alimentos seguro y permanente desde Brasil con la laguna de los Patos, la laguna Negra, la laguna de Castillos, de Rocha, de Garzón y de José Ignacio con todos sus afluentes. Todas ellas presentaban y presentan oportunidades para un verdadero desarrollo comercial.

El arroyo Garzón era conocido con ese nombre antes de 1730, es decir, antes de que existiera el Camino del Rey. Aunque también existiría el camino de los charrúas. En ese arroyo se asentó un faenero de ese apellido y más adelante, de forma ya más estable, una agrupación de familias a orillas del arroyo empezó a construir ranchos incipientes de barro y paja. Se trataba, como ya se ha comentado en anteriores oportunidades, de pobladores interesados en un lugar de descanso durante el trayecto al este.

Estos campos no tenían dueños, salvo los charrúas. Si alguien se hubiese apoderado de aquellos terrenos lo sabríamos hoy y podríamos identificarlo. Sin embargo, la información que se tiene al respecto apunta a la llegada de Juan Ramón de León, quien compró los campos de las sierras al mar y de un arroyo a otro como se vendían antes, y los dividió para la venta. Nunca tuvo tiempo de hacer algo ante de la llegada de los portugueses.

Solo un grupo de familias que se detuvieron y convinieron vivir en ese lugar constituyeron desde la década de 1700 un asentamiento que luego creció como pueblo, pero ya con nombre definido. Fue en 1936 cuando la ley del Estado lo determinó pueblo llamado Garzón, nombre que conserva hasta el día de hoy.

En el *Diario de la democracia* publicado el 21 de noviembre de 2013, quien fuera director del Hospital de Maldonado comentaba situaciones relacionadas con el año 1763, época en la que le informaron a Ceballos sobre un puesto militar asentado en el arroyo José Ignacio, y que más adelante con milicianos correntinos se instaló un puesto militar en el arroyo Garzón. La guardia había construido tres o cuatro ranchos con techo de paja, teniendo caballadas y ganado a su disposición, con canoas para pasar el arroyo, controlando a los indígenas, portugueses y vagos ladrones Más adelante, en 1777, se estableció una mejor guardia por orden del virrey Vertiz.

En este mismo artículo se confirma que en 1784 una partida española arribó con el geógrafo Andrés Oyarvide. Un faenero de Buenos Aires que se asentaba en el lugar dibujó un plano en el que figuraba el nombre de Garzón.

Así las cosas, el año de 1892 como fecha de nacimiento de este pueblo se considera errada. No obstante, sí se puede considerar que fue en ese tiempo cuando Garzón se convirtió en un verdadero pueblo con una mayor cantidad de habitantes. Aun así, la premisa más aproximada a la realidad es que 50 años antes vivía gente en esa zona, y como el arroyo lo llamaban de los Garzón y quizás en ese lugar vivió la familia con ese apellido, el naciente pueblo tomó ese nombre. Además, como el arroyo divide los departamentos de Rocha y Maldonado, los habitantes allí estacionados se ubicaron hacia el oeste del cuerpo de agua, es decir, en el departamento de Maldonado a partir del año 1800. También se llama Garzón de Rocha al lado este del arroyo.

Pero como hemos visto, desde la primera década del siglo XVIII el movimiento de gente por el Camino del Rey que va de San Carlos a Rocha fue intenso. Es probable que mucha gente haya decidido quedarse a vivir cerca de ese arroyo, que ofreció con su tranquilo ambiente de agua fresca y sombra el primer descanso del largo viaje de San Carlos hacia donde nace el sol.

Hay estudios que sostienen que las palmeras de butía, otro de los símbolos rochenses, nació con la llegada de indígenas nómadas que venían del norte y del oeste cargados de esa fruta y se encontraron con el mar que les impedía continuar, por lo que se asentaron en el lugar y retornaban hacia el oeste cuando se les antojaba, arrojando frutas que tanto apetecían y que, sin saberlo, dejaron la siembra que delató su trayectoria.

Se ha nombrado en muchos documentos que en épocas del virrey Viana, un tal Mateo Molera fue propietario de los campos de la zona hasta la desembocadura del arroyo y parte de los campos que hoy pertenecen a Rocha. También que el gobernador Vigodet había designado al lugar como hizo con Viera a un tal Felipe Techera, apellido de muchos habitantes de la zona.

La versión popular y la de los pobladores primarios del pueblo Garzón indica que su nombre se dio por las garzas que vivían en el arroyo que desemboca en la laguna. Es decir, que llamaban a las garzas grandes los garzones, por lo que daban este origen del nombre del pueblo, aunque sobre esto no hay pruebas contundentes. La playa que da a las orillas del río de la Plata se llama las Garzas.

En el idioma español, la academia señala que las garzas son aves zancudas y viven en las proximidades de lagos y lagunas y, lo más interesante, que la palabra garzón se refiere a garzas chicas y grandes, pero además a los hijos varones, mozos y adolescentes.

El arroyo Garzón, zona de baños.

En 1980, el poeta de Garzón, que firmaba «el Oriental», cantaba lo siguiente:

Un lugar tan placentero
tuvo su nombre primero
de las garzas y los garceros,
y así se llamó el arroyo
los sauces y los talas
los juncales y los esteros
y viendo el camalote
las garzas aguardaban
en bandadas, con graznido
como clarín de madrugada.
Las grandes son garzones
Esas son las conclusiones
De este nombre original
que arribó un garzonense
que se llama el Oriental.

Tampoco hay antecedentes que comprueben que se tratara de un homenaje a un candidato presidencial de gran fama en aquella época, el general Eugenio Garzón, héroe del norte del país, que no llegó a ser presidente por haber fallecido antes de llegar a Montevideo. Sin embargo, el nombre del incipiente poblado ya tenía 10 años de existencia cuando se fraccionaron las tierras.

Además, Eugenio Garzón nunca estuvo en el este del país. Por el contrario, fue un general que luchó de forma constante en la nación vecina al lado del general Urquiza. Había integrado las partidas del ejército de San Martín, fue federal y participó en la guerra de Oribe contra Rivera. Este último fue el presidente en 1834, año en el que el incipiente pueblo ya existía con el nombre de Garzón.

Los más estudiosos del tema consideran que lo más lógico es pensar que el nombre se le dio por un jefe político y dueño de saladeros en Rocha y de campos en la zona cercana llamado Vicente Garzón, quien fue un defensor de la separación departamental de Rocha y Maldonado en 1881 y que, además, figura en el nomenclátor rochense. Este personaje fue jefe político de Maldonado en 1878, cargo a través del cual reformó y amplió los edificios de la jefatura de policía. También fue diputado por Rocha y como se podrá ver por las fechas en las que actuó, ya el pueblo Garzón hacía muchos años que era conocido por este nombre.

En la época en la que residía en Maldonado como jefe de policía, Vicente ayudó a la iglesia que estaba en construcción con las torres sin terminar y que suplantó a la llamada «iglesia vieja» frente a la plaza donde hoy está la jefatura y la Comisaría Primera.

Pero es más probable que este ciudadano político, estanciero y propietario de saladeros haya sido descendiente de los que faenaban y acarreaban cueros hacia el mar por el arroyo que se le empezó a llamar de los Garzón. Se trataba de algunos franceses, portugueses y bonaerenses que dejaban señales de sus apellidos, las cuales fueron descubiertas más adelante.

El conocido experto en genealogía Enrique Yarza, presidente de la Asociación de Genealogía del Uruguay, confirmó lo anterior al señalar que, para esa zona, la palabra Garzón se registra desde los años que van de 1730 a 1740, época en la que Buenos Aires consideraba esa parte del territorio de la Provincia Oriental libre de comercio, por lo que se autorizaba a faeneros a carnear y a llevar cueros desde el este de la Banda Oriental al oeste para Buenos Aires y el Paraná.

Sin lugar a duda, muchos faeneros dieron nombre a los lugares, siendo uno de los más importantes Luis Rocha, quien se afincó de forma definitiva dando nombre al futuro departamento. Otro faenero destacado fue el capitán Antonio Pando, soldado de Zabala afincado más cerca de Montevideo según se afirma en la *Guía turística de Rocha*.

Faeneros de esa época dejaron marcados sus nombres en las zonas donde moraban mucho antes de 1763, año de refundación de Maldonado por Pedro de Ceballos. Esta tesis se confirma en la revista *Crónica general del Uruguay* dirigida por el profesor Washington Reyes Abadie. En la página 300 se nombran faeneros que pasaron a la zona de Rocha y que llevaban apellidos como Rocha, Garzón, Pando, entre otros.

La desembocadura en la laguna es indicio de lugares apetecibles y de gran vegetación, madera y buenos campos para la vida natural tanto nómada como para asentamientos permanentes, si en ese incipiente asentamiento muy antiguo, vivió gente campesina que suponemos con vida primitiva, pero con seguridad en paz y amigos de la naturaleza.

En las postrimerías del siglo XIX y en los primeros años del XX los pueblos campesinos de la zona del río de la Plata, la Provincia Oriental y lo que después se conoció como el Uruguay fueron sacudidos por las guerras de los «pueblos civilizados» como Montevideo y Buenos Aires. Se puede decir que hubo varios Garzones, hasta la época actual, con nombre originado por el arroyo y con incipientes pobladores nómadas que acampaban cerca del agua y levantaban sus ranchos primitivos: algún descendiente de indígena y algún portugués. Grupos de familias, pero por lo general para establecimiento de paso y descanso en el trayecto siempre riesgoso hacia el este donde estaban los límites fronterizos con Brasil y en donde sus conquistadores entraban al territorio cuando lo desearan.

Esta época de los orígenes inciertos, intrépidos primitivos y aceptados por el hecho de confirmar que existía un asentamiento antes de 1800, sería el primer periodo histórico del pueblo GARZÓN. Este se caracterizaría por campamentos a las orillas del arroyo, vacas y ovejas circundando y controladas por sus habitantes; agua limpia para lavar la ropa y por la presencia del mate. El arroyo era de aguas cristalinas, muy diferentes a las actuales, transeúntes de paso al Brasil, al este, al océano y a las playas del río de la Plata. Incluso, en determinado momento y debido al temor de la avanzada portuguesa que siempre estuvo latente, se había apostado un grupo de soldados en el pasaje del arroyo que, sin embargo, no duró mucho tiempo.

A medida que la villa de San Carlos crecía y se desarrollaba, la influencia en los campos circundantes se organizaba poco a poco en estancias y viviendas de paisanos laboriosos que progresaban con paso lento pero seguro a través de la ganadería que se exportaba a Buenos Aires, sobre todo de los cueros, considerado el oro de la época. Cuando los primeros gobiernos españoles estudiaban la zona, observaban que el puerto de Maldonado era el punto fundamental para la exportación y el desembarco europeo. La población de la ciudad de Maldonado crecía, pero al mismo tiempo era codiciada por los ingleses, quienes la destruyeron en 1806.

Camino a las sierras de Garzón.

Después de las guerras y durante los primeros años del siglo XX, esos grupos de humanos asentados fueron absorbidos por el crecimiento tendiente a ser pueblo. Desde esa fecha hasta la retirada del ferrocarril hubo un segundo Garzón, que tuvo una época brillante que favoreció su transformación en un lugar civilizado y muy poblado, con cerca de 3000 habitantes, rodeado por trigales, con escuela, con comisaría, almacenes y un importante desarrollo rural y ganadero.

Cuando se realizó la instalación del molino harinero de Leopoldo Lazo, Garzón pasó a ser un pueblo industrial de gran movilidad, aunque en su desarrollo siguiera siendo rural. Continuó como centro de paso, pero ahora con interés industrial, con carpinterías, herrería, reparaciones de carretas y construcciones de carros y todo tipo de vehículos a tracción.

La relación hermanada con el cercano balneario de José Ignacio relacionó la ganadería con el turismo, y en 1936, visto el desarrollo obtenido por Garzón, su población y la movilidad hacia el este y a José Ignacio, fue declarado pueblo a partir de la Ley 9.587 promulgada el 21 de agosto de 1936 y publicada el 28 de agosto del mismo año. El siguiente es un apartado del citado documento:

Registro Nacional de Leyes y Decretos

Tomo 1, página 616.

Art. 1°: denominación de «Achar» Tacuarembó.

Art. 2°: declárese pueblo Garzón al núcleo de población de la 7° sección del departamento de Maldonado, conocido con el mismo nombre.

Art. 3°: comuníquese [...].

Un barrio de Garzón en 1940.

Estos pueblos nacieron en el momento más difícil y convulsionado del país. En 1933, el presidente Gabriel Terra disolvió las cámaras del Legislativo. Además, se nombró gobernante de facto, reformó la Carta Magna en excepción y el 21 de marzo de 1934 fue designado presidente hasta 1938.

Es decir, en ese período convulso nacieron de forma oficial Garzón y Achar. En el caso del primero no se necesitaba nombramiento, ya que era muy activo desde principios del siglo XX y 206 años antes de su nombramiento ya vivían algunos pobladores cerca del arroyo llamado de los Garzón.

Este pueblo, hermano de nacimiento con el pueblo Achar de Tacuarembó, creció en Maldonado gracias al molino y a los talleres para carretas y carros, no obstante, la llegada del ferrocarril le dio el empuje principal a su desarrollo a partir de 1928, de manera que se convirtió en la zona principal del intermedio entre San Carlos y Rocha. Asimismo, el turismo creciente en José Ignacio ayudó al lugar a incentivar su población. La situación de San Carlos también fue de gran desarrollo por cuanto el ferrocarril que hacía intercambio hacia Punta del Este y hacia Rocha convirtió a este lugar en el centro del Este. Además, la instalación del molino Lavagna transformó a San Carlos en la ciudad industrial del este.

Por desgracia, sucesos como el retiro del ferrocarril, la finalización de trabajos y de la producción del molino, así como la instalación de la Ruta 9 directa entre San Carlos y Rocha provocaron la caída de Garzón y la consecuente desintegración del pueblo.que se extiende desde la instalación de la Ruta 9 hasta después de la mitad del siglo XX, pudiendo haber llegado a tener después del retiro de los ferrocarriles no más de 1000 familias.

Ahora bien, el Garzón de la cuarta época, que lo disfrutarán los que hoy son jóvenes ciudadanos nacionales y fernandinos, parece despuntar poco a poco, aunque sin ferrocarril, lo que no significa que más adelante no vuelva. Ya desde finales del siglo XX y durante los primeros años del siglo XXI puede observarse —podrá ser un augurio, una ilusión o un deseo—, que algo se mueve y es dinámico. Pero esto será tema de los apuntes finales del libro. Mientras tanto, retomemos el año de 1825 y los acontecimientos nacionales y garzonenses de su segunda época.

Camino de vuelta a casa.

CAPÍTULO III

11. La reconquista oriental

Los portugueses, al mando de Lecor, gobernaban la provincia desde 1820 y muchas familias, tanto de ese país como de Brasil se establecieron allí. Tal ocupación continuó hasta 1825, es decir, 5 años. Como resultado, se configuraron muchas instalaciones, una cultura y diversas costumbres que influyeron en el futuro del país, sobre todo en relación con la venta de esclavos y el movimiento de navegación.

Al haber sido esta zona gobernada por los portugueses, se puede afirmar que el viejo Camino del Rey a Rocha se triplicó de pasajeros que descansarían o habitarían Garzón, ya que esta era el camino obligado por medio del cual entraban las mercaderías por tierra desde Brasil, y la mercadería por mar que desembarcaba en Maldonado.

Muchas familias portuguesas se afincaron en esta zona del este, siendo San Carlos la más privilegiada. Los portugueses se sentían satisfechos al poseer un territorio con puerto en Montevideo, otro en Maldonado y una ganadería floreciente. No obstante, la felicidad duró muy poco —hasta el 25 de agosto de 1825—. En cambio, la satisfacción fue para los habitantes de la nueva Provincia Oriental.

Mientras tanto, Artigas permanecía prisionero en Paraguay y varios orientales líderes de la guerra estaban presos en Brasil. Sin embargo, estos últimos fueron liberados, quizás porque los invasores pensaban que la provincia —que funcionaba muy bien— duraría para siempre en manos de los portugueses y sus hermanos brasileros.

Una vez los patriotas orientales fueron liberados de la cárcel brasilera, Oribe, Lavalleja, Olivera, Pedro Tápani y Fructuoso Rivera empezaron a planificar la reconquista de la provincia desde Buenos Aires, hecho que consumarían en 1825 con Lavalleja y los 33 orientales.

Aunque en realidad no hayan sido 33; aunque no hayan jurado la artesanal y original bandera con su mensaje escrito a mano como lo pintó Blanes, lo cierto es que se trata de detalles, pues la verdadera importancia radica en el simbolismo que permitió entender la relevancia y grandeza que fue esa agrupación valerosa de hombres dispuestos a morir si no lograban el objetivo.

Con la reconquista el territorio volvió a llamarse Provincia Oriental del Uruguay, integrándose este a las Provincias Unidas del Río de la Plata. Quizás se trataba de un objetivo de Lavalleja para para acercarse a la idea federal de Artigas, aunque este último en realidad soñaba con toda la América unida en provincias libres y no bajo la hegemonía de Buenos Aires.

Empero, lo importante de la época de la Provincia Oriental, entre tantas acciones realizadas por sus gobernantes, tiene que ver con lo siguiente: en primer lugar, la declaración de independencia el 25 de agosto de 1825. Única declaración específica, puesto que la República del Uruguay se declaró independiente en el segundo artículo de la Constitución, que, si bien fue aprobada por el pueblo, nunca hubo necesidad de una declaración popular de independencia después de 1830.

En segundo lugar, otra creación oriental que merecería reconocimiento mundial fue la Ley de libertad de vientres, nada menos que abolir la esclavitud desde el nacimiento. Por el reiterado intento de avance portugués a la nueva provincia —y que se lamentaban por haberla perdido— se formó el Ejército republicano al mando de Alvear y Lavalleja, quienes triunfaron en Ituzaingó el 20 de febrero de 1827. Este fue el nombre que se le dio a Punta del Este en homenaje al triunfo.

Esta batalla, junto con la decisión de que la Provincia Oriental se integrara a las del río de la Plata provocó el enojo de Portugal, de modo que se declaró la guerra a esta provincia y a Buenos Aires. El ataque portugués a estos dos territorios bien pudo haber sido la Primera Guerra Mundial, pero la creación del Uruguay neutralizó los posibles efectos catastróficos que hubiese podido tener este enfrentamiento.

12. Uruguay, país independiente

Para evitar la guerra, se terminó por aceptar que esta provincia se convirtiera en la República Oriental del Uruguay. República libre, con una Constitución y controlada por sus vecinos en los primeros años. En 1830 se juró la Constitución de la República Oriental del Uruguay.

Bandera de 1825. Bandera de 1830.

Antes de 1800, la zona del este se había empezado a «despertar» creando algunos pueblos, mientras que otros que renacían con gran importancia, los cuales se disfrutan aun hoy en día. Sobre esto, puede afirmarse que Maldonado existe desde 1517, año en el que Francisco Maldonado desertó del barco Gaboto y decidió quedarse a vivir en ese lugar. El nombre de Pan de Azúcar nació en 1717 y el de San Carlos en 1763.

De acuerdo con censos que datan de 1829, el Uruguay tenía cerca de 74.000 habitantes y alrededor de 2500 esclavos. En Maldonado se contaban 11.000 habitantes —al igual que en Canelones—, mientras que los demás departamentos no superaban los 7000.

Luego, en 1877 se edificó el faro de José Ignacio, zona donde se habían instalado las estancias del rey y en la que se acumulaba la ganadería del Estado. Para 1885 llegó el ferrocarril a la Sierra de las Ánimas y se fundó el pueblo Aznares, futura insignia nacional relacionada con el azúcar. En 1890 Francisco Piria fundó Piriápolis.

13. Federales y Unitarios

Como ya se mencionó, en 1830 se juramentó la Constitución de la República Oriental del Uruguay, hecho que determinó el nacimiento de este país. A la par que su Carta Magna, también se eligieron otros símbolos patrios. La bandera, por ejemplo, tenía cuatro listas azules, cinco blancas y un sol.

Juan Manuel de Rosas.

Fructuoso Rivera.

Como encargado provisional estuvo Rondeau, mientras que las elecciones fueron ganadas por Rivera, resultando perdedores Oribe y Lavalleja.

Así, el primer presidente del Uruguay fue José Fructuoso Rivera y Toscana, a quien después le siguió Oribe. Luego, en 1838 entraron en una cruenta guerra en la que se vio implicada Argentina a través de Juan Manuel de Rosas. Este último quería adueñarse de la provincia ayudado por Oribe, quien estaba ilusionado por la idea Federal pregonada por el dictador argentino y que, a su vez, era una reminiscencia del ideario artiguista.

De esta forma, europeos, argentinos y orientales entraron en la llamada «Guerra grande». Rosas y Oribe exigieron la retirada de franceses, ingleses e italianos representado por Garibaldi y al presidente Rivera quien, con ayuda de esos europeos, aseguraba defender desde Montevideo la libertad y la unidad de la república independiente recién nacida.

Como resultado, se produjo muchas pérdidas para la República Oriental del Uruguay, tanto económicas y humanas,

Con el triunfo del general Urquiza cayeron Rosas y Oribe, mientras que Rivera triunfó como unitario, aunque Joaquín Suárez lo hubiese convencido. Rivera se fortaleció en su gobierno defendiendo —según él mismo— a su país contra la invasión argentina. La paz se firmó el 8 de octubre de 1851 sin ganadores en el papel, pero con el triunfo Unitario.

Es curioso entender los destinos de la marcha imperiosa de la historia hacia un final que no podemos imaginar, pero en nuestro pequeño —aunque muy importante país— existe la sensación de que los últimos 50 años de cada siglo son obscuros, sangrientos e incomprensibles, como si no fuera posible mantener la paz.

Por ejemplo, de 1850 a 1900, año que culminó con la Revolución del caudillo Aparicio Saravia, el Uruguay estuvo en crisis política: una paz mentirosa en 1851; el levantamiento de Colorados contra los Blancos, la matanza de Quintero, la matanza en Paysandú, la caída del Presidente Girós; el fracaso del presiente Ellauri, el caudillismo contra los doctores, la política de fusión, la entrada de Venancio Flores y la guerra contra Paraguay.

A partir de 1870 y hasta los primeros años del siglo XX las revoluciones fueron los temas de cada día. También se vivió la época de las lanzas y de los grupos guerrilleros. Después, la guerra de Carpintería marcó la diferencia ideológica entre Blancos y Colorados, interpretadas simbólicamente por esa división entre unitarios de ciudad y los federales del campo.

14. Blancos contra Colorados

En 1897, el presidente Cuestas firmó un tratado con Aparicio Saravia según el cual los blancos quedaban a cargo de seis departamentos. Uno de los departamentos gobernados por Aparicio era Maldonado y la zona de San Carlos. Maldonado y Garzón fueron protegidos por Aparicio Saravia. En el país funcionaban dos gobiernos paralelos. Ante el cambio de presidente, el candidato colorado era José Batlle y Ordóñez, que, apoyado por Eduardo Acevedo, triunfó, dando así inicio a la guerra.

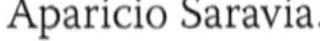

Aparicio Saravia.

José Batlle y Ordóñez.

El presidente no había desarrollado por completo su política cuando entró en conflicto con Aparicio Saravia, quien mandaba en sus seis departamentos, en tanto el presidente quería mandar en todo el país. Con la intervención del departamento de Rivera por un grupo brasilero se declaró una guerra que daría comienzo a un futuro incierto. Sin embargo, la influencia en la zona de Garzón fue notable tanto en movimiento como en toda la campaña en general. El pasaje al este y al Cordobés era por Garzón y por Minas.

Los ideales del presidente colorado apuntaban a la industrialización ciudadana y al rezago del campo. Batlle llegaba de Francia y quería aplicar la industrialización. Aparicio Saravia, caudillo blanco, estanciero y ganadero había sido revolucionario en Brasil. Era un gaucho inteligente como para comprender la situación del momento, uno de los últimos caudillos más importantes de tantos que hubo en el país, quien apuntaba a mejorar el sistema legislativo electoral y al reparto equitativo de los gobernantes departamentales, entre otras cosas.

Sin embargo, la revolución de Aparicio finalizó con su muerte. Tras su deceso, y en épocas en las que importaba más el caudillo que la guerra o los hechos, el país se encaminó a un orden normal, aunque relativo. Si hubiese existido una conversación entre Saravia y el presidente, quizá no hubiese existido la guerra.

Sobre este tema, es interesante resaltar un viejo proverbio que dice: «**La historia se repite**», algo que a mi parecer no es cierto en tanto puede haber hechos parecidos, pero no idénticos respecto al fondo del asunto, sino que se generan hechos parecidos en la superficie del problema. Así, la guerra de 1838 entre Rivera contra Oribe y Juan Manuel de Rosas parece similar a lo que pasó a partir de 1903 entre Aparicio Saravia, Batlle y Ordóñez; aunque seguía la disputa entre Blancos y Colorados, lo cierto es que los personajes eran distintos y los temas también.

Otro proverbio, esta vez del personaje ficticio Martín Fierro, afirmaba que «**entre hermanos no se debe pelear, sino ganan los de afuera**», pues de esa forma no mejora la producción, el progreso se detiene y el tiempo no avanza rápido. Podemos decir en ese sentido que esa guerra en Uruguay la ganaron los de afuera.

Los orientales nacieron hermanos en la guerra contra los portugueses y españoles, pero después ellos mismos entraron en guerra y se acusaron entre sí. Cuando se terminaba un altercado empezaba otro, siendo entonces la pasión un sentimiento típico predilecto hasta el momento de encontrar una democracia basada en la razón.

La democracia llegó como una necesidad. Después de la guerra librada por Aparicio, el parlamento entró en vigor. No obstante, el gobierno Colorado, si bien ganador y tranquilo, no tenía toda la seguridad o certeza que no habría otra revolución contra ellos.

Fue entonces cuando en el parlamento apareció un personaje del partido Blanco que marcó un camino sin revolución para dar tranquilidad a una época que había sido tan sangrienta. Se trató de la figura de Luis Alberto de Herrera. Siendo principiante como parlamentario, en su memorable discurso atacó con dureza al gobierno como oposición. De esta forma, manifestó: «Nosotros siempre entendimos que batallando sin tregua en la Cámara y apoyados por la prensa, sin tanto brillo, sin ruidosa gloria, quizás, pero sin dolor, sin catástrofe y sobre todo sin derramar sangre de hermanos, debemos actuar». A partir de ese momento resurgió una actividad política partidaria de no ir a la guerra, misma que duró por muchos años.

15. Fin de la guerra. Garzón trabaja

Las consecuencias de dos guerras internas fueron devastadoras. La primera muy perjudicial entre dos caudillos orientales presidentes, Rivera y Oribe, y la segunda más débil entre un gaucho caudillo Aparicio y un presidente ciudadano Batlle. Ambas fueron crueles y con muertes innecesarias, aunque también representaban la lucha entre distintos ideales, entre corrientes pasionales encontradas que no supieron entenderse por las buenas, de manera que se relacionaban con las armas. Sin embargo, y con el paso del tiempo, se pudieron superar y hoy solo las contamos en páginas de historia esperando nunca se repitan.

Por esta razón, hubo también alguna detención en el avance de la zona por motivos de guerra. El primer jefe de policía que ejerció en Maldonado, quien además extendía su control en Rocha y Minas fue el coronel Antonio Mendoza. Mendoza estuvo en 1836, después de la batalla de Carpintería entre Blancos y Colorados. Luego, fue relevado en 1840 por el coronel Matías

Barrios al empezar la Guerra Grande de Rivera contra Oribe, y una vez finalizó esta, estuvo a cargo el coronel Florencio Olivera.

Se trató sin duda alguna de una época muy difícil para la nación en la que hubo movimientos de todo tipo mezclados con el trabajo, con las riñas y con las disputas políticas. Más adelante, el Uruguay avanzó a partir del ideal de democracia, libertad y el rechazo a la guerra, pero no siempre con pureza de esos ideales debido los golpes de Estado, la aparición de guerrillas y a las dictaduras. A pesar de todo esto, en el país siempre se mantiene el ideal de la libertad, la paz y la democracia, tanto para sus habitantes como para cualquier extranjero que se avecine.

Si bien desde el punto de vista ideológico, cultural y filosófico las ideas contrarias son necesarias, lo cierto es que estas se deben conciliar a través de discusiones argumentadas y razonamientos. El entendimiento político solo puede darse en un parlamento, de forma que siempre sea posible llegar a un acuerdo. Sin embargo, cuando la pasión se impone, la guerra es inevitable y la muerte viene con ella.

Sin trabajo no hay adelanto ni posible paz y felicidad. Así, los pueblos de la campaña uruguaya retomaron sus trabajos productivos y el país avanzó. Garzón, por su parte, pasó ser una zona de ganadería y de industrias que abastecía todo el este y a Montevideo.

CAPÍTULO IV

16. Industrialización de San Carlos

En este apartado profundizamos un poco en la industrialización de San Carlos, ya que su desarrolló se reflejó en Garzón y muchas veces en Minas. Es decir, todo adelanto productivo, social y económico de San Carlos repercutía en Maldonado, en Garzón, en Rocha y en todo el este.

En su libro *Molino Lavagna*, el historiador Federico Olascuaga detalló el momento histórico de esa ciudad hacia 1870 en adelante, siendo uno de los puntos más importantes la llegada y estancia de un inmigrante italiano llamado Ignacio Lavagna, molinero de Sorova, quien llegó al Uruguay y se afincó en el Abra de Perdomo. Trabajando en el molino de Bernardino Perdomo y, con pocos años como forastero, decidió fundar un molino en San Carlos sobre el arroyo de Maldonado al lado de su esposa y principal ayudante Rosa Servanda. Se trató de la industria más importante del este que abastecía de harina a todo el Uruguay.

Como recordaremos, la principal vocación económica de este país era la ganadería; sin embargo, la agricultura empezó a desarrollarse con el apoyo inicial de Buenos Aires. Como resultado, se realizaron exportaciones de enormes cantidades de trigo y harina a Rio Grande del Sur. A partir del siglo XX, la protección agrícola proyectada por el gobierno batllista permitió la extensión de cereales en todo el este. Lavagna no solo se preocupó por la producción de harinas, sino también por las plantaciones y el desarrollo de la agricultura.

Su primer molino con rueda de madera se utilizó para aprovechar la energía hidráulica y, pese a la dificultad que existía para la locomoción y el traslado de la producción como la carreta con bueyes, se convirtió en una herramienta moderna con tecnología de la época. Tanto así, que su inventor fue invitado a la exposición mundial en París de 1889, donde Uruguay fue reconocido a nivel mundial gracias a la industrialización en Maldonado.

La participación en obras sociales y la fundación del Liceo de San Carlos se debió, entre otras cuestiones, al gran empuje de Lavagna. San Carlos floreció a nivel económico y era un ejemplo industrial del Uruguay. Junto con San Carlos, todo el departamento de Maldonado también experimentó un crecimiento industrial importante. Ejemplos de esto fueron en 1885 la bodega de Juan Blois; en 1888 la fábrica de azúcar Rausa fundada por Gregorio Aznárez; los plantíos de viñas de Bonilla y Sancho en 1889, así como los molinos de Cordone y Sciavone en 1907 en Pan de Azúcar; los proyectos inmobiliarios en Piriápolis en 1890 y el molino de viento de Velásquez ubicado en Maldonado. Junto con ellas también destacaron varias empresas de todo tipo como el nacimiento y desarrollo del sector turístico, las cuales hicieron de Maldonado un departamento de vanguardia (30).

Ruinas del molino Lavagna.

El arroyo Maldonado, de donde se abastecía el molino.

17. La familia Lazo en el este

Entre los primeros pobladores españoles de la península y de las Islas Canarias que llegaron antes del siglo XX se encontraba una familia de apellido Lazo. Según algunos datos, esta familia se estableció en las Chacras de Maldonado, pero es más seguro apuntar a que se instalaron primero en Villa del Carmen Durazno. Destinados ahí, desembarcaron en la época del presidente Rivera en adelante.

En esa zona del centro del país hay muchas personas con ese apellido, lo que hace probable que algunos de sus descendientes se hayan trasladado al este y que otros hayan continuado en Durazno en la ciudad del Carmen, o quizás en Montevideo. Esto es posible debido a la numerosa descendencia que tuvieron. De acuerdo con los estudios genealógicos de FAMILY SEARCH se ha podido llegar a localizar en España, en la zona de Santander límite con Galicia a un tal Carlos Lazo, nacido en este lugar y quien arribó al Uruguay en el barco con familias canarias. Se casó con María Hernández y llegaron con un hijo varón llamado Matías Antonio Lazo Hernández, nacido en España en 1819 y quien llegó al puerto de Montevideo con 11 años en 1830 cuando se juró la primera constitución nacional.

Matías, único hijo de Carlos se casó antes de los 25 años con Juana Viera. El matrimonio, ya radicado en Uruguay, fue el precursor del apellido. Tuvo en total 10 hijos orientales, quienes desde muy jóvenes se esparcieron —tanto varones como mujeres— en varios departamentos del nuevo país llamado República Oriental del Uruguay. El primer hijo nació en 1844 y a partir de ahí cada año o cada dos años nacía otro.

De los 10 hijos uruguayos de Matías, nos referiremos solo a tres, quienes fueron los que llegaron jóvenes al Este. El mayor hijo de Matías fue Pablo. Nació en Uruguay en 1844 cuando su padre tenía 25 años; Sebastián, por su parte, nació tres años después en 1847, mientras que Roque nació en 1855. No se tiene registro de la actividad de los demás hermanos en otros departamentos.

Pablo tuvo un hijo de nombre Leopoldo, un personaje fundamental en Garzón (más adelante nos referiremos a sus actividades). Él se casó con

Ubaldina, la hija del hermano de Pablo, Sebastián —por lo tanto, primos—, y tuvo con ella cuatro hijos varones. Tres de ellos fueron comerciantes destacados del departamento de Maldonado; dos hijas mujeres, de las cuales una falleció siendo todavía joven.

Además, Sebastián tuvo un hijo varón al que llamaron Toribío, padre a su vez del escultor Mario Lazo, abuelo de Herbens Lazo, otro gran escultor. Uno de los hijos de Roque, el tercer hermano, fue el padre de Aníbal Lazo Batista y de Mateo María Alcides Lazo.

Estos últimos eran medios hermanos y fueron destacados personajes tanto de Garzón como de Pan de Azúcar. Toda esa transformación producida por el ingreso de extranjeros influyó de manera notable en nuestro país y se dio en el siglo XIX. Durante esa época se dieron las presidencias de Julio Herrera y Obes, Juan Idiarte Borda —quien fuera asesinado, siendo el único magnicidio cometido en el país—, Juan L. Cuestas y otros. Todos ellos dejaron como legado las consecuencias de la nefasta guerra grande, las guerrillas internas, golpes de Estado y la injusta guerra contra Paraguay; dictaduras, revoluciones, caídas de presidentes, para que entrara el siglo XX con otra época con vientos diferentes.

En los albores del siglo XX el mundo veía con preocupación a Europa y los asuntos internacionales empezaron a influenciar los acontecimientos políticos de nuestra América. Uruguay empezó a cambiar con rapidez debido a los sucesos tanto internos como externos, entre ellos la asunción de Batlle y Ordóñez a la presidencia de la República, lo que arrastró y terminó con las últimas guerrillas de las lanzas y los arcabuces para empezar con la reconstrucción del futuro.

Como ya hemos dicho, la entrada del siglo XX este país tuvo vientos diferentes y dejando atrás la «patria vieja». En 1901 falleció Juan Manuel Blanes, dejando en sus clásicas paletas de pintor italiano la historia del siglo pasado. Ese mismo año también murió un muy joven pintor mercedario de nombre Carlos Federico Sáenz, quien fue el precursor del arte pictórico moderno francés en el país y que predominó durante todo el siglo XX.

Era el nacimiento de otra época. Los ingleses, ahora amigos, renunciaron a conquistarnos por las armas y optaron por la conquista económica e industrial. Con la instalación de un ferrocarril asomaba una nueva etapa de crecimiento para el país. Entretanto, en Maldonado se seguía trabajando y produciendo y Garzón se empezó a poblar poco a poco con gente que trabajaba en los campos cercanos. La influencia de Rocha y de San Carlos necesitaba un punto medio y ese era Garzón.

Sin duda, estos parientes se llevaban bien como familia, salo en los asuntos muy personales como el de las ideas políticas, ya que Leopoldo y Alcides eran colorados, mientras que Aníbal Lazo Batista era blanco con influencia de Aparicio Saravia, personaje político de gran relevancia hasta 1904. Luego de esta fecha el principal tema de la arena política e internacional pasó a ser la Primer Guerra Mundial en 1918.

18. La entrada al siglo XX

Las noticias del mundo, que se esparcían con rapidez, repercutían en Uruguay: la caída de la dinastía prusiana, la derrota de Alemania y su resurgimiento, entre otras. A nivel nacional, se empezó a discutir la reforma de la Constitución de 1830. Esta, en efecto, fue modificada por la de 1916, lo que provocó un verdadero movimiento político nacional.

El ciudadano oriental siempre estuvo muy bien informado acerca de los problemas internos y del extranjero. En la patria vieja se recibía toda la información directa de Buenos Aires. Luego, en junio de 1886, y tras haber superado la guerra interna, salió al público el diario *El día*, fundado por Batlle y Ordoñez. Después, luego de haber terminado la Primera Guerra Mundial apareció el diario *El País*, fundado por Washington Beltrán, Leonel Aguirre y Eduardo Rodríguez Larreta. Antes del siglo XX y comenzado el mismo todos podían enterarse y opinar sobre los problemas nacionales y extranjeros. La difusión radial, sin embargo, tardó mucho más, de manera específica hasta 1920, difundiéndose por todo el país con la radio portátil Spica.

La radio que difundió noticias al interior el país.

Alcides Lazo.

Por otra parte, se instalaron losas en el entorno de la plaza de San Fernando de Maldonado donde Pablo, el padre de Leopoldo, había heredado la habilidad de pedrero que su padre ostentaba como oficio. Varios familiares que llegaron con él fueron contratados para dirigir ese trabajo e instalar sus obras en otros lugares, como las veredas que se revestían de piedra.

Sobre esto, vale la pena resaltar que desde 1771 hasta 1779, con las construcciones de piedra para el Cuartel de Maldonado, y con el objetivo de cubrir las veredas y las calles era necesario contar con el trabajo de obreros capacitados en ese difícil oficio. Tengamos en cuenta, la importancia que en ess época tenía el trabajo con piedras, por ejemplo, debido al problema de la falta de obreros en Montevideo los presos de esa ciudad eran obligados a cortar las piedras para las calles.

Leopoldo Lazo.

Leopoldo, hijo del capataz de pedreros, había nacido en Uruguay el 10 de julio del 1873, según algún dato no muy seguro, en las chacras de Maldonado o en el pueblo de Carmen, y en su juventud demostraba mucha iniciativa y dinamismo. Era además un autodidacta en lecturas y parece ser que poseía habilidades manuales. Cuando contaba con 20 años era un práctico ayudante para reparaciones de máquinas.

19. Leopoldo Lazo, el industrial

En 1903 la ciudad de Maldonado capital del Departamento era considerada una importante ciudad. Para aquel tiempo el coronel Melchor Maurente fue nombrado jefe político del lugar. Este fue un influyente colorado amigo del presidente Batlle y Ordóñez, además de un destacado hombre público de San Carlos, donde hoy hay una calle que lleva su nombre. Fue también comandante militar, masón de la línea del Rito Escocés Antiguo y Aceptado y gozó de gran prestigio en toda la zona. Maurente tomó contacto con la familia Lazo y el joven Leopoldo, quien fue contratado por el jefe político para trabajar en su estancia camino a la laguna Garzón.

Coronel Melchor Maurente.

Leopoldo se ganó la confianza de su patrón en asuntos importantes y fue apoyado por él para iniciar una industrialización en la ruta desde San Carlos a Rocha, cerca a donde vivía. Recordemos que desde 1886 hasta alrededor de 1900 el molino Lavagna en San Carlos estaba desarrollándose con lentitud, pero con una construcción extraordinaria para la época. También para 1900 existía el Hospital Alvariza, una comisaría, la oficina de correos, la iglesia

—que existía desde mucho antes—, un teatro y la construcción de vías, sin contar con la expectativa por la llegada del ferrocarril.

Por otro lado, la masonería en San Carlos estaba representada por el grupo «Hijos de Iram», una organización que siempre estuvo dispuesta a apoyar a la comunidad. Esta ya existía en 1884 y contó con la integración de los personajes más influyentes de la ciudad, entre ellos el ya mencionado jefe de policía, Ignacio Lavagna y otros más. Don Leopoldo Lazo era muy eficiente y dinámico, pero no hizo parte de este grupo, quizá por su juventud en la actividad comercial y por la conocida dedicación práctica católica de él y su familia en una época en la que la masonería y la Iglesia católica no se relacionaban entre sí desde el punto de vista ideológico.

Aclaremos que con casi 20 a 25 años, Leopoldo Lazo era un joven de crecimiento incipiente en la sociedad carolina. No era para ser reconocido, como sí lo fue en los siguientes años. Leopoldo compró parcelas en el otrora caserío de Garzón y se afincó como un experto en oficios de la época —hoy le llamaríamos ingeniero empírico— apoyado por el gobierno departamental de Maldonado.

Es probable que don Leopoldo comprara terrenos a de León, dueño de toda la zona que dejó en ella su apellido a varias familias 10 años después de su instalación, cuando le compró a Viera, quien se había hecho propietario del lugar por orden del gobernador Vigodet. Don Leopoldo sabía lo que hacía. Era entendido en su oficio y tenía más fe que tiempo para su trabajo. Instaló talleres de carpintería y herrería para construir carretas y carros tirados por bueyes y caballos. Aunque más que talleres, en realidad eran varios galpones dispersos en su amplio terreno. Uno de ellos, por su doble piso, se veía desde lejos. Cuando alguien se acercaba a ese lugar se encontraba con un gran movimiento de personal en trabajos diversos.

A partir de 1920, este importante empresario fundó un molino en su mismo predio. Teniendo en cuenta que la experiencia molinera ya había sido vivenciada con gran eficiencia por Ignacio Lavagna en San Carlos y en Rocha, Leopoldo no fue ajeno a esas actividades; antes bien, fue recibido con entusiasmo por Lavagna y de hecho mantuvieron una buena relación. Si consideramos que en Rocha y en San Carlos habían molinos de Lavagna, resultó muy importante que en Garzón se iniciara en este medio a través de las actividades de Leopoldo, casi como continuación de la industria de la harina en esa zona.

En consecuencia, Leopoldo Lazo se convirtió en un reconocido industrial, no solo del este sino también de Montevideo. Consideremos que en 1939 Lavagna cerró el molino de San Carlos, por lo que fue el Molino de Garzón el que continuó con su producción nacional y como proveedor de harina y trigo. Además, Leopoldo no abandonó su trabajo inicial en construcciones de carros, carretas, muebles y ventas de mercaderías varias que salían hacia el este y al oeste por lo sinuosos caminos de tierra, al mismo tiempo que crecía su actividad de molinero.

Las ruinas del molino para el año 1950.

El galpón del molino convertido en sala bailable.

Entretanto, su lugar más apreciado para dirigir y trabajar era al aire libre cuando el clima lo permitía. Para esto, se extendía un gran fogón de leña que ardía y varios hombres semidesnudos se acercaban a favor del viento para controlar la construcción de llantas de hierro para los móviles que solicitaban los transportistas, quienes transitaban por el antiguo camino de tierra desde Rocha hacia Montevideo y viceversa con materia prima.

Con el ruido de los martillos y el hierro enrojecido se construían llantas para encastrar en las ruedas de madera dura, la cual se armaba en uno de los galpones dedicados a la carpintería. Esos transeúntes tenían la necesidad obligada de detenerse en Garzón —ubicado en el mismo camino—, por lo que se debía aprovechar para descargar trigo y retiro de harina, además de para hacer reparaciones y para el descanso de los curtidos gauchos que viajaban con los transportes tirados a sangre.

En aquel momento, Garzón comenzaba a desarrollarse, llegando incluso a tener una población de cerca de 3000 habitantes para 1936, es decir, 16 años en los que pasó de ser una aldea a ser un pueblo importante del departamento. Era un centro de paso, de alto en el camino, de reparación de vehículos a tracción a sangre y de descanso de viajeros.

Muchos paisanos que viajaban de Rocha rumbo a Pando y Montevideo, y viceversa se detenían en ese pueblo, que tendría al comienzo muy pocos pobladores, pero que en 10 años logró que se establecieran muchos habitantes, algo notable sin duda alguna. Ofrecía un certero descanso obligado hacia la capital, ya que muchos de ellos venían con sus carretas tiradas por bueyes ya cansados cargadas de arroz, harina y trigo que desembarcaban en diversos molinos en el trayecto que debían surcar de casi 200 kilómetros de distancia desde el este hasta el centro del país. Por lo general otros descansos eran en Soca y en Pando. El horario lo marcaba el sol y solo había la urgencia que determinaban el paso de los bueyes y de los caballos.

Detenerse en ese paso famoso de Maldonado no era solo para descargar parte de la mercadería que muchas veces don Leopoldo almacenaba en sus depósitos para revender en otros pagos de los alrededores o para fabricar harina en el molino, sino que también servía para esos esforzados y sudorosos gauchos curtidos por el sol y de musculoso porte conseguido por su diario trabajo de esfuerzo físico. El pueblo Garzón era un oasis.

Como ya lo hemos comentado, Garzón inició su desarrolló a principios del siglo XX, sin embargo, para ese lapso ya no existían pulperías. El hijo mayor de don Leopoldo, llamado Leopoldino tenía el mejor negocio instalado por su padre. Además, estaba casado con Delia, también de apellido Lazo, la hija del comisario a cargo de la Seccional 7° de poco tiempo inaugurada. Ese y otros negocios se habían convertido en un lugar de visita obligado para los viajeros.

Ahora bien, la guerra de Aparicio Saravia, que comenzó recorriendo la campaña agrupando a sus adherentes —Maldonado pertenecía a Saravia, al igual que otros cinco departamentos—, obligó al Gobierno a preparar su ejército oficial para ganar la guerra contra la revolución. Pese a ser partidario del Gobierno, don Leopoldo no acudió a la llamada debido a que su industria se estaba desarrollando a plenitud, a que estaba enfrascado en sus trabajos y a que contaba con casi 30 años. Sin embargo, se ofreció a reparar carros y a proporcionar material para la guerra, pues él estaba en condiciones de fabricar muchas herramientas. Tenía un jefe de carpintería llamado Juan Icardi, quien constituyó familia en el lugar. Icardi se especializaba en fabricar diferentes picanas, instrumento fundamental para los arrieros y carreteros, como lanzas o armas en general.

Otras atracciones para los viajeros que ofrecía el pueblo Garzón eran varios locales donde no solo se vendía bebida de cualquier tipo, sino que además contenían numerosa mercadería al estilo de un supermercado moderno, no con el formato que había en las ciudades, sino con cierto aire de boliche mezclado o pulpería. Allí se combinaba el almacén, el bar, la pensión y donde no faltaba el billar, la cancha de taba y las mesas para el truco. Los hombres, por lo general peones, algunos gauchos arrieros y esquiladores, descansaban a su modo, de manera que era común verlos en los boliches luciendo en sus manos vasos con caña brasilera, con butía o yuyos sin descuidar el entretenimiento de las grandes partidas de truco, taba y carambola. Durante los días en los que se cobraba el sustento la algarabía era mayor.

Si había algún problema, otro ciudadano de apellido Lazo realizaba el control de la seguridad en persona y de manera rigurosa. Este ciudadano era don Alcides de la Seccional 7°, casado con Rosa de León, quizás descendiente de los de León, fundadores de la zona. Don Alcides era funcionario nombrado por el Gobierno que no solo tenía la misión de garantizar la seguridad, sino también de controlar los posibles ingresos de los revolucionarios de Aparicio que se sabía estaban en la cercanía de paso al norte, sobre todo en el departamento de Maldonado donde aquel tenía muchos adherentes. Lo más curioso es que su hermano Aníbal era un dirigente blanco de Pan de Azúcar.

Por supuesto, a otros peones a los que la hora de descanso o de la diversión no les había llegado todavía se les veía trabajar en reparaciones de ejes, herramientas y material de sus carros y transportes, o ayudando a algún especializado del taller del patrón que con su experiencia y mejores herramientas dejaba los transportes listos para salir al camino y continuar la marcha.

Otros peones se ocupaban de los alimentos, los baños y la protección de los animales, los cuales eran fundamentales en esa época. Entre estos se encuentran los bueyes de tiro, además de los caballos de todo tipo y pelo. Dichos animales tenían tanto valor como los humanos y a nadie se le ocurría pensar que 50 años después serían reemplazados por motores con combustible explosivo que cargaban a su cuesta enormes cajas de madera llamadas camiones, aunque estos fueron superados más adelante por el ferrocarril de carga.

Debemos destacar además que don Leopoldo era muy afable y atento no solo con sus clientes sino también con todos los visitantes, ya sea por negocios o por necesidad de reparaciones o con los encargos por compra de carros. En definitiva, todos eran muy bien atendidos en su oficina. Allí atendía su hija Celeste, quien se caracterizaba por tener una pulcra presentación. Ella fue novia del maestro Jorge Cabrera y tan pronto se casaron tuvieron hijos que se destacaron como profesionales en Maldonado.

El maestro Cabrera fue director de la Escuela Industrial en Maldonado. Celeste se encargaba de la administración y caja de valores, y en esa oficina se respiraba un ambiente de cordialidad, amistad y camaradería cuando llegaban los forasteros en conjunto con un contador o en esa época especialista en administración recordado por su cuerpo corpulento y gordo, llamado Atanasildo, muy ilustrado y conocedor de la actividad comercial e industrial.

La vivienda personal de don Leopoldo estaba en el mismo terreno del molino, de las carpinterías y de la herrería y la comunicación se daba a través de un gran patio. Allí vivía con su esposa Ubaldina Lazo, hija de Sebastián —eran primos— y con sus hijos.

Doña Ubaldina.

En 2008 la Intendencia convirtió esa vivienda en biblioteca y casa de cultura conservando su estructura general. Esta quedó a cargo de la Intendencia Departamental por deudas de su comprador, las cuales no pudo cumplir.

Ante la visita de los forasteros, esas reuniones de la familia de don Leopoldo se daban sobre todo con los encargados, patrones o propietarios jefes de las partidas, cuya responsabilidad era llegar en buena forma y descansados a la capital. Aunque este era el objetivo principal, las visitas también servían para actualizar las noticias que llegaban de Montevideo, de Europa y de Rocha.

Esto no significa que no atendiera de la misma forma y con la misma aptitud si debía conversar con peones, indígenas, negros o muchachones pendencieros que hacían desorden o que por cualquier necesidad, trabajo, sugerencia u otros motivos. En definitiva, tenía un don especial con una psicología empírica y una inteligencia natural que atraía a la gente con un carisma poco visto en la época y menos en las zonas campesinas apartadas de la civilización de las grandes ciudades como lo era Montevideo.

Vivienda de don Leopoldo y su familia, hoy casa de la cultura y biblioteca.

No aceptaba ni aplicaba jamás discriminación alguna y cualquier persona sin distinción de rango, capital o pobreza podía hablar con él y recibir consejo. Nunca tuvo esclavos, aunque los pudo tener, puesto que era común que se mantuvieran esclavos, algo que solo empezó a cambiar después de la Constitución de 1916.

En 1825 se aprobó en la Provincia Oriental la llamada «la ley de vientres», lo que significaba que los hijos que nacieran de esclavos serían libres. No obstante, la Constitución de 1830 desconoció esa ley. No fue sino hasta 1834 que el Gobierno de Oribe la reafirmó y solo hasta 1916 se comenzó a aplicar en realidad.

El 12 de junio de 1924 la Sociedad de Naciones (hoy la Organización de las Naciones Unidas) determinó una definición de esclavitud: «La trata de esclavos comprende todo acto de captura, adquisición, o cesión de un individuo para venderle o cambiarle, todo acto de cesión por venta o cambio de un esclavo, adquirido para venderle o cambiarle y en general todo acto de comercio o trasporte de esclavos» (ONU, Art. 2°). Volviendo a San Carlos, la escritora Blanca Ferraro señaló que en 1832 se había declarado liberta a una niña hija de esclavos de esa ciudad, sin olvidar al ya mencionado músico negro Valerio Pérez.

Se comentó mucho que respecto a la actividad social de don Leopoldo y su defensa de la igualdad de los humanos, su traslado a Rocha, ciudad donde muchos descendientes de África, algunos esclavos, fundaron un club social donde se prohibía el ingreso de blancos. Sin embargo, a don Leopoldo sí lo invitaron e incluso sus hijos entraban a los bailes sin problema.

Tuvo mucho personal empleado cumpliendo trabajos con la rígida dirección de su propia planificación apoyado por la teoría mecanicista que aplicaba Henry Ford en Estados Unidos.

> Como comentario que se hablaba en los boliches y se discutía por parte del personal era la forma de administrar la industria que tenía Don Leopoldo.
>
> Se pagaba por rendimiento según las horas que trabajaban para algunas tareas, teniendo obreros fijos mensuales para otras. Uno de los controles era no permitir que se hablara de política porque había empleados batllistas, otros defensores de la revolución de Saravia que residían por todo el interior del país, y en Montevideo nacía el Socialismo con Emilio Frugoni.

No obstante, atendía y se interesaba por la vida privada de sus empleados e incluso ayudó a muchos con el sentimiento paternalista de la época. Conversaba con sus trabajadores como con cualquier indígena o paisano que se le acercaba a él. Su manera de ser y su cordialidad dejaban atónitos a los que observaban, pues consideraban que no era usual ese comportamiento en una persona de esa categoría social.

Para contratar obreros para sus negocios y talleres era capaz de un técnico en administración de personal y captaba la personalidad y los conocimientos del aspirante, que debía trabajar por un sueldo mensual o por trabajo realizado según el tipo de obra, además de comida y alojamiento de la empresa, sistema que, de no ser así, no se presentarían trabajadores con experiencia y conocimiento en ese pueblo como ocurría.

En el gran patio arbolado que centraba los talleres y la casa familiar con sus respectivos alojamientos para los forasteros invitados brillaban grandes fogones de leña. Sobre ellos había parrillas con ollas similares a las que usan en el ejército. Con estas se humeaban guisos y comidas diversas atendidas por empleadas de doña Ubaldina, quien dirigía las operaciones alimenticias para todos los obreros.

20. Paternalismo y diferencias sociales

En aquella época no era difícil notar las diferencias sociales de los habitantes. No obstante, cabe aclarar que tales diferencias nunca fueron motivos para truncar una amistad. Tampoco existía discriminación, por lo menos que se comentara en el pueblo, y el respecto era natural entre las personas, no solo en la escuela sino en la vida social.

La diferencia social se reflejaba sobre todo en distintos tratos entre sí y en la presentación: un hombre bien afeitado con sombrero de ala ancha, bien vestido, con un cuchillo de mango de plata en la cintura, una bombacha de tela inglesa con botas de cuero bien lustradas y caballo con aperos de plata y oro. Alguien con estas características era por lo general un diputado, un estanciero o el dueño de mucho ganado.

Por el contrario, un gaucho joven vestía de camisa y bombacha campera, muchas veces sin botas, pero con alpargatas de yute, con sombrero brasilero y pañuelo de la divisa blanca o colorada. Andaba a caballo criollo casi en pelo y era por lo general un peón nativo quien, junto con otros hombres de piel cobriza, ojos rasgados, poca barba y semidesnudos, representaban a los charrúas o a los tapes de las Misiones Orientales primero y de la Argentina después.

Ese territorio de las Misiones, de donde venían muchos guaraníes del oeste del río Uruguay había sido una zona perteneciente a los orientales. Todo el territorio era gobernado antes de 1820 por el general sin galones, el indio Andrés Artigas.

Este gobernante y guerrero, ahijado del poco recordado en esa época, nuestro principal héroe, murió estando prisionero en Brasil debido a su rebeldía contra las autoridades. Su padrino se encontraba exilado y preso en Paraguay hasta 1850, año en el que falleció y fecha del nacimiento de la República Oriental del Uruguay.

Otras de las novedades de la época que realizó este sorprendente innovador de la industria del momento en Garzón consistió en la construcción de un puente en el arroyo para cruzar por el camino a Rocha. Este se inundaba con las lluvias y era difícil de pasar. Se instaló entonces un puente de madera y puso en ciertas horas a sus hijos a cobrar peaje, cosa que no le funcionó por no aceptar el trabajo sus muchachos.

Estas estructuras sociales se entrelazaron por medio del denominador común del periodo, a saber, el trabajo productivo nacional característico del siglo XX, sobre todo en la época en que la provincia había pasado a ser República y tras haber sufrido una terrible guerra interna con nociva influencia de unitarios y federales que finalizó el 8 de octubre de 1841. Como resultado, se formó un nuevo y vigoroso nuevo país en América Latina.

Fue así como los aguerridos nativos de esas tierras, quienes consideraban el trabajo como una religión, en conjunto con los foráneos fundaron ese nuevo país: una tierra que en América podía ser comparada con facilidad con la Suiza europea. Ambos lugares tenían en común ser territorios pequeños en población y en dimensión, pero también eran ejemplos a nivel mundial.

Ahora bien, resulta necesario aclarar que, si bien don Leopoldo nació en Uruguay, 40 de sus 50 años de vida en Garzón. Fue autodidacta, con enseñanza española y gran conocimiento de los problemas del momento. También recorrió todo el Uruguay por temas de negocios, además de para hacer tratos directos tanto con las autoridades del Gobierno de Montevideo y del departamento como autoridades eclesiásticas, puesto que su familia era católica practicante. En su familia hubo técnicos e ingenieros alemanes que comerciaban antes de la Primera Guerra Mundial con Uruguay, negocios y compra de maquinarias para molinos de elaboración de harina y arroz.

Sin duda alguna, don Leopoldo se convirtió en un personaje famoso en la zona e incluso se le consideró como un alto emprendedor industrial gracias a su trabajo y sus ideas con la tecnología incipiente de aquellos años. A este respecto, se debe tener presente que la industrialización alemana producida antes de la Segunda Guerra Mundial fue de notoria intensidad en América y, por supuesto, en el Uruguay. Su marcada influencia facilitó el ingreso de máquinas y elementos tecnológicos justo cuando las máquinas del molino de Leopoldo se desarmaron para la venta. Algunas de ellas, las más modernas, lucían la esvástica como símbolo de su origen.

Se contaba que cuando llegaba a Montevideo en el tren de ferrocarril, en la estación central había un auto ocupado por empresarios montevideanos esperándolo. Estos empresarios buscaban entablar reuniones para hablar con él. Tenía un porte alto, era bien vestido y lucía con orgullo su reloj de bolsillo con cadena de plata. Prefería usar el ferrocarril de los ingleses que su automóvil Ford cuadrado de color negro, el cual solo usaba para viajar a Rocha, siempre deteniéndose antes de cruzar la vía férrea por si venía el tren. Una medida de seguridad que él siempre aconsejaba en sus conversaciones. En su vejez usaba un bastón de madera labrada cuyo cabezal era la cabeza de un león de plata. Era descendiente de los españoles que se hicieron orientales de corazón, quienes desembarcaron en Montevideo con sus familias en las épocas de la migración europea para vivir en las jóvenes tierras americanas. Se esparcían por los campos del territorio nacional para trabajar y convivir con igualdad de condiciones con los naturales criollos.

Si no traían familia, los inmigrantes se casaban en esta tierra y tenían descendientes con muchos hijos para poblar el futuro del país donde se acrisoló un humano gaucho primero y después ciudadano de tipo español indio nacional, africano, que de estos últimos había mayoría de esclavos y algunos libertos.

Había también muchos italianos, portugueses, turcos y de otros lugares. Todos ellos llegaban al país de forma paulatina, por lo que, junto con sus hijos, pasaban de ser nativos orientales a uruguayos, y los extranjeros a ciudadanos uruguayos orientales. Los esclavos e indios no eran considerados ciudadanos por la Constitución de 1830 y a las mujeres se les prohibía votar, algo que por suerte cambió en 1916. Sin embargo, y en lo que respecta a la situación de los esclavos, esta no cambió sino hasta muchas décadas después.

Todos los habitantes del pueblo Garzón eran amables y solidarios; muchas familias de escasos recursos eran alimentadas por comerciantes y señoras más pudientes. Asimismo, era muy difícil encontrar personas abandonadas por su familia o mendigos, y en la panadería se regalaba mucho pan. Sobre este tema, vale la pena mencionar a una familia de personas sordas muy famosa en Garzón que permanecía en condiciones de pobreza, porque hacían trabajos de changas. Era un matrimonio con varios hijos, de los cuales el mayor de ellos se había ofrecido para recoger cartas y paquetes en la estación del ferrocarril y llevarlas al pueblo para entregarlas a sus destinatarios. Este trabajo lo hacía caminando las largas distancias que había entre los lugares que visitaba y el pueblo. No obstante, realizó esta tarea con eficiencia durante mucho tiempo hasta que esa familia se fue de Garzón. Recibió muchas propinas y regalos, con lo cual podía cubrir sus necesidades, tal como lo hizo el jefe de la estación y los que recibían encomiendas.

Es de resaltar también que, pese a las condiciones de pobreza en las que se encontraban, estas personas no eran tratadas de forma diferente a como se hacía con los más pudientes, sino que más bien, el trato que les daban dependía mucho de la personalidad y cultura que pudiera tener cada persona. Había una señora llamada Nicanora que hacía limpiezas en donde era solicitada y era un personaje muy respetado y apreciado por su servicialidad y buen trabajo.

En un lugar cercano al pueblo, un ciudadano tenía la habilidad de hacer ladrillos, que, aunque eran producidos en poca cantidad y eran muy artesanales, no les faltaba quien quisiera comprarlos. Otras actividades que se pueden considerar sociales eran las reuniones políticas, cuando en busca de voto y para informar a la población las ideas que se prometían cumplir, los candidatos a presidente visitaban el pueblo en época de elecciones.

De los colorados fue famosa la incursión de una avioneta con Manini Ríos, la cual inundó de papeles propagandísticos las calles del pueblo. La presencia de Luis Alberto de Herrera fue con una caravana de gauchos recibido por el caudillo del pueblo Ramón González, el padre de los cuatro hijos músicos integrantes de la orquesta del Pepe. Cabe señalar que iba un presentador o animador con megáfono que se llamaba Máximo Garrido, padre del comentarista e historiador de del fútbol muy conocido en Montevideo Atilio Garrido.

Homenaje a Leopoldo Lazo al ingreso del pueblo.
La carretera al pueblo Garzón por ruta 9 kilómetro 175, el camino llamado a lo de Izcua hoy se llama camino Leopoldo Lazo.

El 24 de marzo de 2022, el alcalde Nazareno Lazo informó al Concejo del municipio de Garzón que se había colocado la cartelería correspondiente al nombre del camino en homenaje al precursor del pueblo Garzón, Leopoldo Lazo.

Don Leopoldo Lazo y el intendente Acosta Arteta.

CAPÍTULO V

21. Los inmigrantes

En este capítulo nos enfocaremos en los migrantes en nuestro país. Para esto, debemos recordar que cada uno de ellos traía consigo un cúmulo de conocimientos y oficios imprescindibles para nuestro joven Estado.

El nativo nacional conocía muy bien el sol, el aire y los trabajos en los campos, elementos que aprendieron de los españoles, quienes fueron nuestros padres y madres, pero después que vencer a algunos de nuestros abuelos que soñaban con el rey, abuelos que no querían la independencia, se puede afirmar que la mayor ascendencia de los uruguayos es de españoles, aunque también los italianos dejaron muy buena huella. Otro porcentaje importante de extranjeros estaba conformado por habitantes que provenían de África, estos últimos con mayor cantidad que los indígenas. Muchos ingresaron como esclavos, por supuesto obligados. Es necesario recordar, aunque se quiera olvidar, la costumbre irracional e inmoral de nuestros antepasados, costumbre que el mundo civilizado aceptaba y difundía.

Estos esclavos desembarcaban en Colonia y los remataban en Montevideo. Se convirtieron en un núcleo importante del país debido a que lograron influir en la cultura de lo que hoy es Uruguay con sus costumbres, su música y su gastronomía. Por desgracia, los indígenas, principalmente charrúas, fueron diezmados, y aunque hay muchos descendientes de ellos como también muchos descendientes de guaraníes, lo cierto es que su cultura no ha sido influyente en nuestras costumbres, puesto que nacieron con la civilización europea. Hoy, esos descendientes son nuestros coterráneos ciudadanos orientales, integrados en la vida uruguaya, porque después de todo podríamos considerarlos más hijos de este territorio por su ascendencia, que nosotros los descendientes de España.

Hubo en el pueblo Garzón comentarios de que algunos pobladores eran descendientes de guaraníes, no obstante, hubo un descendiente de los indios charrúa de nombre José María Altez que merece su recuerdo. Provenía de los campos de Rocha y tenía gran habilidad para hacer pozos para agua y para plantaciones, por lo que con frecuencia era contratado en diversos lugares del pueblo. Entretanto, los italianos nos trajeron y enseñaron la construcción, el trabajo y su música, que en combinación con la española y la africana dio lugar al nacimiento del tango rioplatense. Los turcos, por su parte, contribuyeron con el uso de ropas varias y desconocidas para los criollos que vendían en todo el territorio; los ingleses con su avanzada tecnología industrial, pero el legado de los portugueses consistió en robar y esclavizar africanos que traían en barcos. Los charrúas nos heredaron la afamada «garra charrúa» reconocida en múltiples ámbitos, sobre todo en el deporte y en el trabajo. Es de anotar que la garra charrúa se emplea como sinónimo de tesón, temeridad o valentía.

Ya en 1841 había en el país más de 9000 españoles, más de 4000 franceses, más de 300 alemanes, más de 1000 brasileros y varios miles de esclavos, de los cuales algunos recuperaron su libertad al empezar la guerra grande para integrarlos como soldados. Había también no más de 1000 charrúas, que, aunque ya habían dejado de hacer la guerra, en realidad nunca quisieron integrarse con los blancos ni mucho menos participar en las guerras de estos, a no ser que Artigas fuera el jefe. Lo lamentable de la historia para el año 1832 fue que los charrúas fueron casi exterminados por el gobierno de Rivera.

22. El correo y las cartas

La creación del Correo del Uruguay se dio en épocas muy tempranas. Fue en 1827 cuando la Provincia Oriental ya se había independizado con la primera posta en Durazno. Pensamos que el comandante del Ejército y después presidente de la República en 1830 vivía mucho en esa ciudad del centro de nuestro territorio, de manera que necesitaba más que nadie algún contacto con Montevideo mejor que la memoria del chasque. Además, el centro del país siempre fue el objetivo de las distancias reguladas en tanto su detención era obligada para el viajero a cualquier punto que se trasladara a los extremos del país.

La comunicación por correspondencia había vivido un rápido progreso en todo el mundo, la gente necesitaba comunicarse entre sí, pues no son los seres humanos tan individuales como para no necesitar de alguien también humano frente suyo para comunicarse, ya sea con la voz o por medio de las cartas escritas, ya sea para amar, para discutir o conversar; en definitiva, la correspondencia jugó un papel vital e imprescindible para la sociabilidad.

En aquella época, el único transporte rápido y seguro con el que contaban las personas era el caballo con jinete o con carruaje. Esto servía para comunicarse con los parientes, con amigos o familiares lejanos, por lo que cuando surgió la posibilidad de escribir en un papel, fue un gran adelanto: enviarlo y esperar con ansias una respuesta era válido para los comerciantes, los gobernantes, las familias y los enamorados.

Con gran rapidez se instaló la oficina de Montevideo en ciudad vieja. Allí contó con varias dependencias hasta que se construyó un local propio, mismo que funciona hasta el día de hoy. Luego, entre 1827 y 1829 se aprobó el Reglamento para la Administración General de Correo. Para 1830, el recién creado Uruguay tuvo la urgente necesidad de difundir el Sistema Público de Correo. De esta forma, se estableció que en cada posta lejana debían tener diligencias y los respectivos caballos para los relevos.

Escribir una carta, que no todos sabían, era un rito lleno de emoción, de diversos recuerdos y aspiraciones. Después de terminar la escritura, varias veces corregida y releída, se depositaba en un sobre donde se anotaba el nombre y la dirección del destinatario, y atrás el remitente; además, se debía pegar el sello que vendía la Oficina del Correo.

El primer sello postal con la imagen de «la diligencia» apareció en 1856. Recordemos que los sellos de las correspondencias, además de que su valor se debía pagar en monedas, se debían pegar en el sobre. Estos sellos fueron verdaderos símbolos artísticos, recordatorio de hechos y de personas, de paisajes y fechas que muchos coleccionaban.

Ahora bien, cuando se recibía una carta el proceso era inverso: después de leer el nombre del destinatario, se pasaba con ansiedad a la parte trasera del sobre donde estaba el nombre del remitente, que agradaba o desagradaba. Después, se detenía a observar la simbología del sello y con cierta demora de emoción a leer el mensaje, después una vez leído, el texto podía generar alegría o llanto.

Entretanto, se instalaron poco a poco sucursales de correo, primero en barrios de Montevideo, en 1865 en la relación con Buenos Aires, mientras que en las Piedras de Canelones se dio la primera instalación en el interior. A partir de ese momento fue muy importante la institución del correo uruguayo, que se consideraba uno de los servicios públicos más necesarios una vez que se comprobó su eficiencia. A Garzón le llegó el turno de la instalación de su Oficina de Correo N.º 5, una casa de familia a media cuadra de la plaza, donde era oficina al público y la casa de familia del jefe de correo Isabelino Méndez. El servicio de correo nació en Garzón mucho antes que la electricidad, el agua corriente y el teléfono.

Además de haber sido un excelente funcionario que atendía la oficina en persona y que manejaba una relación directa con los que usaban el servicio para depositar y recibir correspondencia, Isabelino Méndez también fue una persona con condiciones artísticas de muy buen nivel. Al respecto, puede afirmarse que sin él los carnavales que se realizaban en Garzón no hubiesen sido de la calidad que fueron. No solo armaba los carros alegóricos de gran magnitud, sino que también fabricaba muñecos, disfraces, etc.

Quien no vivió en las épocas de surgimiento del correo en Garzón no le será tan sencillo comprender la ansiedad de los habitantes de todas las edades que depositaban cartas, la espera de la respuesta y la alegría al recibirla. Cuando apareció el ferrocarril, la rapidez de la llegada y respuesta de las cartas se multiplicó y la modernidad dejó más contentos a los escritores y escritoras. Escribir una carta para depositar en el correo implicaba tiempo para pensarla y para recibir respuesta había que esperar: el tiempo no exigía respuestas inmediatas.

En aquella época, nadie imaginaba que más adelante un aparatito de bolsillo llamado celular sustituiría todas las comunicaciones hablando y contestando de forma simultánea a otras personas cercanas o lejanas, sin necesidad de pensar antes ni tener papel y lápiz a mano. Con estas nuevas tecnologías ya no es necesario hacer ningún razonamiento.

La tecnología actual detuvo un poco la actividad del correo, de modo que ya no fue tan necesario, porque la rapidez de las comunicaciones, ayer con el teléfono y hoy con la comunicación sin cable, sustituyen con rapidez las cartas. No obstante, debió ampliarse el servicio de correo para transportes de paquetes, bolsos y todo tipo de mercadería y no solo para la correspondencia escrita.

Algunos sellos para las cartas del correo.

La enamorada solo podía comunicarse por carta.

23. La Iglesia y la fe católica

La familia de don Leopoldo era católica practicante y había una necesidad por parte de muchas familias del pueblo de construir una iglesia. Los trámites para esto se dieron en San Carlos. Por otra parte, la llegada de sacerdotes de Maldonado que a pedido de don Leopoldo venían para controlar la construcción de una capilla descansaban en su casa y su esposa doña Ubaldina los atendía a las mil maravillas.

La capilla en 1940.

El altar de la capilla en 1950

La iglesia de Garzón, que en realidad es una capilla, dependió de la Iglesia de San Carlos desde su nacimiento hasta noviembre de 2021, año en el que pasó a depender de José Ignacio. Cuando se construyó la iglesia, la capilla de la

Santa Inmaculada Concepción, que dependió de San Carlos hasta el mes de noviembre de 2021, pasó a depender de José Ignacio con el nombre de Santa de la Merced. Allí concurrían a rezar, aunque no hubiera sacerdote. Su nombre actual es Capilla de nuestra Señora de la Merced.

La virgen de la merced.

El nombre de la iglesia alude a la madre María, que en la merced significa «misericordia», «gracia» y «perdon». Sus orígenes se remontan al siglo XIII, cuando la virgen se le apareció a San Pedro Nolasco para que ayudara a liberar a los cristianos cautivos de los musulmanes, quienes los encadenaban y torturaban con violencia para convertirlos en esclavos.

De esta manera, el 24 de septiembre se celebra en Barcelona el hecho de que San Pedro Nolasco haya dedicado su patrimonio y su vida a negociar la libertad de los prisioneros. Como señalamos, la capilla de Garzón dependía de la iglesia de San Carlos, la ciudad más cercana del departamento de Maldonado. Ya no estaba el cura Borromeo por desgracia, pero se ejecutó e ignauguró como corresponde.

Al pasar en épocas modernas al control de José Ignacio, perdió quizás una jerarquía, puesto que San Carlos cuenta con una iglesia de gran categoría, pero si alguien ha visitado la actual iglesia o capilla de José Ignacio, quedará sorprendido por la modernidad y la calidad que presenta a sus fieles, pues ofrece un ambiente acojedor y humanizado para la época en que vivimos y no a las capillas obscuras y antiguas que crean ambiente depresivo en vez de presentar un ambiente de alegría por vivir en gracia con Dios.

Opiniones que son al aire, quizás sin fundamento al no ser especialista en el tema, pero la sensación que ofrece la capilla de José Ignacio es revolucionaria, moderna al máximo, iluminada en su totalidad, con unas instalaciones hermosas y acogedotra como lugar de meditación y rezos. La llegada del padre Henry Santana, que venía de Montevideo agotado de una intensa actividad social humanitaria y protectora de los humildes, para él sería un descanso y para el pueblo una bendición. Seguro que él diría que Dios lo envió, no lo desmentimos, pero qué casualidad importante. De inmediato se dispuso a reorganizar la capilla de Garzón.

El padre Henry Santana agrupando niños.

Al ingreso al pueblo Garzón, por el camino de don Leopoldo, además de la placa de su recordatorio está instalada una virgen, ambas obras fueron relizadas por el escultor Mario Lazo.

Virgen de los 33 orientales.

Jesús.

La virgen de los 33 orientales, que presenta la capilla de Garzón a sus fieles, tiene su origen en la organización jesuítica de Entrerríos, territorio que en la época de Artigas era parte de la de la Banda Oriental gobernada por Andresito, el indio ahijado del prócer nombrado gobernador y general sin galones.

Un indio guaraní cristianizado talló la virgen en madera de cedro. En 1779 la imagen estaba en Santo Domingo de Soriano en la capilla del Pintado, fecha aproximada en la que José Artigas se retiró a ese pueblo en donde vivió 10 años de su juventud y madurez.

Por supuesto que más tarde, si bien se enteró de la independencia de nuestra patria desde el Paraguay, nunca supo la historia para nuestra independencia de esa virgen que en 1805 estaba ya en una parroquia, en los lugares donde él convivía, fecha que tuvo que trasladarse a Montevideo a combatir contra la invasión inglesa. En 1809, la virgen fue trasladada por el cura párroco Santiago Figueredo a orillas del río Santa Lucía a una humilde choza transformada en precaria capilla, donde se fundó la Villa de San Fernando de la Florida.

En 1825, en esa villa, se declaró la independencia de la Provincia Oriental. Los libertadores, retirándose del rancho de techo de paja vecino donde se celebró la asamblea, se inclinaron ante la virgen en su austera capilla y prometieron fundar una nación pidiendo a la virgen su bendición y que si tenían la posibilidad de hacerlo, la consagrarían con una corona de oro, así prometió el general Manuel Oribe y que se cumplió. El artista nacional Juan Curuchet Maggi recuperó datos sobre el rancho de reunión, el cual estaba ubicado en la ciudad de Florida en la esquina de las actuales calles Gallinal e Ituzaingó. Según testimonios de la época, sus paredes eran de ladrillo, su techo de paja a dos aguas y sus ventanas y puertas de madera. Había sido casa de familia y pulpería cerca de Piedra Alta. Al fondo la capilla.

A partir de ese momento, la iglesia uruguaya tomó a la virgen como símbolo de la libertad y como patrona del país. Por esta razón, fue rubricada cuando el papa San Juan XXIII visitó nuestro país en el año 1962 y se le otorgó la coronación pontificia declarándose patrona de la República Oriental del Uruguay.

El papa San Pablo II le dio la consagración el 8 de mayo de 1988. Hoy, la tenemos elevada frente a los fieles y quienes deseen verla, en la iglesia ya de hermosa construcción de la ciudad de Florida, capital de dicho departamento, que si bien en cantidad de fieles, de cariño y de respeto es superior, no puede competir con San Cono en cantidad de feligreses o fieles.

24. Inauguración del cementerio

Novedosa fue la inauguración del cementerio en los terrenos de los campos de Maisonave a un kilómetro del pueblo, necesario y solicitado por el pueblo, se realizó su inauguración con la presencia por primera vez de un intendente departamental, el señor Masetti, además de ediles, secretarios e integrantes de la junta y casi todo el pueblo. Como acto principal y una anécdota curiosa, el entierro fue de un cuerpo fallecido en Rocha traído para su inauguración, por no existir en ese momento un cuerpo dispuesto a ser enterrado en ese nuevo espacio de los fallecidos que descansan en paz.

25. Transportes y locomoción

En Garzón tuvo lugar una gran actividad de caballos, carros, carretas, bueyes y carruajes que iban por sus calles y rumbo a los campos. En el pueblo había gente caminando los domingos cuando no se había construido la iglesia y tenían una capilla precaria como en todos los grupos de familia europea, española o portuguesa.

Otros parroquianos iban a las cantinas, ya sea para jugar un truco y beber algún licor. Más adelante, cuando el fútbol ocupó el lugar de diversión, cuando venían cuadros de Rocha que llegaban en los primeros pequeños ómnibus con sus parciales, cambiaban el silencio por gritos y por la alegría que siempre genera el deporte.

Por supuesto, el caballo, fue en casi todo el mundo, el primer sistema de locomoción: adaptable, amigo del hombre, incansable a larga distancia y con relevos de Garzón a Montevideo, eran comunes los traslados con varios caballos de reemplazo y paradas convenientes por varias horas o días según la conveniencia de los viajeros. Los carruajes fueron los más modernos, ágiles y livianos con uno o dos caballos rápidos que podían en poca distancia resolver problemas de tiempo entre la salida y la llegada.

Pensar en nuestra época lo que era el transporte de mercaderías en carreta tirada por 4 o 6 bueyes es como un sueño, como ir a la Edad Media. La carreta de madera con techo, para atenuar los calores del verano, se fabricaba en muchas ocasiones a partir del cuero de vaca, lo que posibilitaba que el carruaje fuera una casa confortable para el carretero cargada de harina, de piedras, de trigo o de muebles, recorriendo caminos de tierra con lentitud, con un guía a caballo con una picana de madera de dos metros para apurar a las bestias cuando había posibilidades de adelantar el tiempo, tiempo que no marcaba ningún reloj, solo el sol. Había que mirar para detenerse a comer y descansar quizás un día o dos según la fecha establecida para entregar la mercadería.

La carreta fue el medio de transporte más usado y representaba mucha alegría para los niños cuando alguna familia de Garzón en verano, quería ir al mar, a la playa más cercana que era en José Ignacio. Para esto había una carreta siempre pronta para llevarlos por los arenales desde al camino real hasta el mar en el pueblo donde la pesca era la actividad más importante para sus pocos vecinos.

Anotaba Luciana Ñuñez Borchi que la carreta era de ruedas altas para poder circular sin problemas por la arena, y se cargaba en ella todo lo que los viajeros llevaban que, por supuesto, eran los enseres útiles para disfrutar del mar. Si la cantidad de pasajeros superaba el espacio de la carreta, los hombres y algún intrépido que iba caminando por allí se hacía al costado de los bueyes o de las carretas cargadas hasta el tope.

Carreta liviana.

Ya la diligencia era otra cosa. Se trataba de una aventura para quien viajara por primera vez. La rapidez de los caballos, azuzados por el conductor tapado por su sombrero con el látigo en la mano derecha y las riendas en la izquierda, hacía que estos pudieran viajar largos caminos y hacía posible que subieran repechos al grito o que se detuvieran poco a poco cuando hacía falta para un descanso de los pasajeros, siempre en un arroyo o cañada fresca.

Pasaban las diligencias con recorridos de Rocha a Montevideo, hubo varias, pero la diligencia de cuatro caballos que se detenía en Solís para cambio y descanso era una de ellas. Esta paraba en Garzón según *El diario de Rocha* comentado por la *Revista histórica de Rocha.*

El gran escultor uruguayo Belloni nos dejó las muestras de la carreta en el parque Batlle y la diligencia en el Prado. Una de las diligencias más notorias y de gran fama fue la llamada La Comercial del Este de Estanislao Tassano, padre del que fue profesor y director del Liceo de Punta del Este. Fue muy efectiva hasta 1910, cuando tenía capacidad para que 10 personas viajaran con comodidad y su recreación la podemos apreciar en el Palacio de Gobierno de la Plaza Independencia realizada por el artista garzonense y escultor Herbenn Lazo, sobre quien comentaremos en el capítulo sobre el arte.

Diligencia por Herbenn Lazo.

Diligencia por Castell Capurro.

Diligencia.

Es importante señalar que hubo siempre con gran esfuerzo un ómnibus que con regularidad iba a la estación del ferrocarril y de Garzón a San Carlos, no era al principio muy regular, y por supuesto se regulariza al faltar el ferrocarril.

Pero antes de desaparecer el tren, Massud, el dueño del comercio frente a la plaza, trajo de Rocha un ómnibus que en realidad era como un auto grande, pero llevaba cerca de 10 personas, lo que era suficiente para el pueblo. Los traslados comenzaron a la estación del ferrocarril después de una volanta con caballo que era el vehículo interno, y con una gran iniciativa de ese comerciante aventurero se empezó a realizar el trayecto Garzón a San Carlos, lo que representó sin duda un acontecimiento. Llevaba jóvenes al liceo, comisionistas para encargos, viajeros, etc.

Al mejorar el sistema de ómnibus con salida y regreso al pueblo apareció la empresa de ómnibus de Antonio Núñez, quien tenía mejor vehículo, lo que solo cambió más adelante con la empresa de Juan Icardi, el famoso carpintero del molino de Leopoldo Lazo, pero otros empresarios del trayecto Garzón hasta San Carlos fueron Daois Piriz y Nicolás Cabrera.

Más adelante, con un mejor vehículo de un arriesgado propietario que según se decía que había sido policía, se comprendió la necesidad en la que se había convertido la falta del tren para viajes tanto a Rocha como a San Carlos. El esfuerzo fue muy grande, pero se abandonó la tarea al no poder mantener el negocio que no era muy halagador por los costos de los vehículos y su mantenimiento, cuando apareció en escena Daniel Senglain.

Oriundo de San Carlos, comenzó en 1989 con un ómnibus de turismo. Luego, el intendente Tortorela le ofreció en 1998 el recorrido a Garzón desde San Carlos en horas de la mañana y con regreso al otro día. Situación compleja por el alojamiento y la estadía toda la noche y para los pasajeros por la imposibilidad de volver al pueblo el mismo día de regreso.

En 2005, ya con Margarita Ruiz a cargo de la oficina municipal de Garzón y en la intendencia de Enrique Antía, se compró un ómnibus de la Onda, Mercedes Benz que resultó mejor que el anterior, aunque los días de temporal o grandes lluvias, como ya habíamos comentado, las cañadas de Silva y de la Cruz, cañadas que cruzan la ruta 9 se inundaban en abundancia con aguas muy rápidas, lo que en muchas ocasiones afectaba el traslado del ómnibus a la ruta. Luego, en 2006 en la intendencia de Los Santos se acordó el cambio de hora para cumplir con los viajes de San Carlos a Garzón, en el actual horario de salida de San Carlos a la hora 8 y regresar en seguida para volver a la hora 17 regresando a San Carlos en el día.

Este horario permitió que muchos jóvenes pudieran adelantar sus estudios y que muchas otras personas pudieran realizar múltiples tareas en las que se requiería viajar, usando las horas del día, y para los choferes no dormir en Garzón, puesto que ninguno era del pueblo.

La línea de ómnibus de Sanglais es muy pequeña en comparación con el tren que llevaba y traía muchas personas, además de carga de material, ganado y sueños. ¡Pero qué grande es hoy ese ómnibus que es el único que puede comunicar con el exterior a ese olvidado pueblo, el único que puede llevar a un trabajador a la ciudad, un hijo a ver a su madre, a un estudiante luchar por su futuro, un enfermo al hospital! ¡Qué importancia tiene la comunicación cuando un pueblo no la tiene en forma natural, solo el sacrificio de un transportista como Sanglais!, que no sabemos si la ganancia le da para comprar otro ómnibus por los pocos pasajeros diarios.

Debería ser premiado por la Alcaldía y reconocido por el pueblo. Si cierra o deja de funcionar, quizás otro empresario se haga cargo del problema o el Estado con ómnibus del Gobierno departamental agarre el viaje a las ciudades, de lo contrario, el aislamiento del pueblo estará confirmado.

La empresa Senglais de San Carlos a Garzón y viceversa.

CAPÍTULO VI

26. El ferrocarril y las vías

Después de 1851, y una vez terminaron las luchas internas, era necesario ordenar y trabajar en el progreso del país, el cual había nacido para ese entonces, pero que por varios años no tuvo tiempo de desarrollarse. Esto debido al predominio de la guerra, las muertes y la miseria, así como de la deuda comprometida con Brasil. Tampoco se tenía el dinero necesario para iniciar grandes proyectos.

Como siempre, el puerto fue el principal elemento de desarrollo. Sin este, Montevideo hubiese desaparecido, sin embargo, no había cómo llevar las mercaderías para exportar al exterior. La única solución consistía en hacer lo que Europa hacía en ese momento, a saber, usar el ferrocarril. Argentina y Chile ya los estaban usando con buen resultado.

En 1860, el inglés John Halton presentó al Gobierno un proyecto. A partir de ahí todo se movió: grandes proyectos, varias compañías nacionales e inglesas intercambiaron concesiones y varias personas se destacaron en los trabajos. Durante años se trató de instalar y adaptar el sistema ferroviario a nuestros campos.

El general Venancio Flores, gobernador de la República, presidió la ceremonia inaugural de las obras del ferrocarril el 25 de abril de 1867 cerca del Paso del Molino. Luego, el 1 de enero de 1869, el presidente Lorenzo Batlle inauguró el viaje a las Piedras.

La instalación de los ferrocarriles por compañías inglesas y también nacionales en la línea Montevideo a Manga en 1878 inauguró una nueva era, la línea del ferrocarril ya uruguaya al comprar la Compañía Central Uruguay Company Limited. En 1889 arribó al empalme Olmos. No obstante, el 12 de junio de 1882 se inauguró un tren exclusivo que muy poco funcionó. Este salía del cordón en Montevideo y llegaba a Pando y pasaba por debajo de la calle Sierra, hoy Fernández Crespo.

Los primeros ferrocarriles y sus vías con sus necesarios puentes fueron de Montevideo a Rivera, después al litoral, Soriano, Salto, más tarde a Minas y a Treinta y Tres. Por último, le tocó al este. en 1890 se concedió el permiso a Juan Oldhan para construir una línea férrea desde Pando a la Laguna Merín pasando por Maldonado, San Carlos y Rocha, pero no se pudo comenzar por problemas de sucesión y cambios de responsables, por lo que hubo muchas dificultades, si bien para 1910 ya se estaba pronto a la movilización y estaban terminadas las vías y los puentes. EL 21 de marzo de 1927 se unió Montevideo con Maldonado, sobre todo para turistas de las playas del este. El ferrocarril llegó con retraso a Punta del Este en 1929 debido a los grandes problemas y a las dificultades por los médanos y los vientos.

La llegada a Rocha y por lo tanto a Garzón se dio solo hasta 1928. Por tanto, una fecha para conmemorar es justo el 14 de enero de 1928, día en el que se inauguró el ferrocarril que iba de Garzón a Rocha.

La llegada del tren cambió la vida del pueblo por cuanto otro mundo asomaba a las vidas de sus habitantes. Esto transformó el pueblo Garzón, no solo en lo que respecta a su crecimiento y posterior importancia, sino también por lo que significó la desaparición de las carretas y los carros tirados por animales. Además, el pueblo crecía con escuelas, una iglesia y con comercios que iban desde farmacias, agencias de combustibles y clubes sociales.

El viejo puente de hierro se mantiene abandonado, pero fuerte
y capaz de renacer con un poco de ayuda.

La construcción del puente sobre el arroyo Garzón, para el pasaje de los ferrocarriles demandó una actividad extraordinaria: ocupó mucha cantidad de obreros y levantar los enormes esqueletos de hierro fue un trabajo inusual para el Uruguay por supuesto en todos los puentes que se realizaron en diferentes zonas, porque el ferrocarril llegó a recorrer todo el Uruguay desde Artigas a Montevideo y de Montevideo a la Paloma pasando por Punta del Este.

La colocación de las vías con la demora en el tiempo lógico por su engorroso trabajo a mano con muchos obreros trabajando, daba vida y crecimiento a los pueblos. La llegada del tren a Garzón convirtió al pueblo en un centro intermediario entre San Carlos y Rocha haciendo florecer esa campaña y aparte de la movilidad de ganado, a las familias del pueblo les cambió la vida: se hicieron amigos de los comisionistas, trabajo que tomaron muchas personas como corredores llevando mercadería a todos los lugares de paso, de un punto a otro, cajas, comida, paquetes con ropa y con objetos variados.

Faltan algunos tablones de ajuste, pero el esqueleto ha resistido temporales y vientos muy fuertes por más de 70 años.

Garzón creció de forma extraordinaria con la llegada del tren, por lo que podemos afirmar que sus pobladores salieron de la Edad Media y entraron en el Renacimiento. Los transportes de mercadería, harina, trigo, animales, todo hizo cambiar el tiempo, lo que se hacía en dos meses pasó a hacerse en horas. Como una de las tantas anécdotas, los niños varones en Garzón jugaban al fútbol con pelota de trapo, cuando el ferrocarril trae una pelota de cuero inflable, desde el London Paris de Montevideo, los niños del juego de tercera pasaron a primera.

Local de la estación en 1945.

El local de la estación de ferrocarril era un hermoso edificio, como lo eran varias estaciones en todo el país y, como ya se dijo, contribuyó a la transformación del pueblo. Su primer jefe fue Custiel, uniformado de azul con quepis inglés, quien atendía a todos los pasajeros con simpatía y controlaba a sus empleados. Incluso, le dio trabajo a un joven integrante de una familia de sordos de apellido Correa, quien repartía cartas y paquetes que venían en el tren de Montevideo para los habitantes.

Los durmientes están enteros. Han formado un camino duro y seguro y la vegetación cubrió la vía como un tubo misterioso.

Dio lugar también a la instalación de una especie de diligencia para llevar pasajeros del pueblo a la estación que quedaba a tres kilómetros y que con rapidez alguien transformó en un pequeño ómnibus. Mucha gente concurría a la estación sin interés de viajar, sino solo para mirar la llegada del tren y ver tantas caras desconocidas en las ventanillas, tanto movimiento de descargas y cargas. Era una fiesta el pito del tren antes de llegar a la estación era una señal de actividad, el sonido del pito del jefe de la estación para la salida del tren avisaba de una inmediata soledad.

Muchos jóvenes y hasta niños eran acomodados por sus padres en los asientos del ferrocarril rumbo a Rocha y eran cuidados por el llamado comisionista, que era un personaje muy conocido que transportaba cartas, encomiendas y encargos desde Rocha hasta Montevideo pasando por Garzón, Maldonado y San Carlos. Muchos de esos jóvenes que habían terminado la escuela, terminaban sus estudios en Rocha o en San Carlos, también enseñanzas de arte y música, retornando a Garzón el mismo día o al otro si tenían familiares.

La estación del ferrocarril abandonada.

De acuerdo con la opinión de Alfonso Caprario, el ferrocarril

> Favoreció la instalación de plantas generadoras de energía y la creación de grandes industrias en las regiones más apartadas que requerían máquinas de grandes peso y volumen, solo posible con el transporte del riel. Mejoró el transporte de la ganadería en forma extraordinaria, permitiendo el desarrollo ganadero y agropecuario del Uruguay.

Sin embargo, siendo presidente de Ferrocarriles José Romeu, informando el mal estado de las vías hacia el este, que debían ser reparadas, también se preocupaba que el trayecto corto, con detención y varias estaciones encarecía y enlentecía el tiempo de llegada final, peligraba Garzón y otros intermediaros, pero el transporte de ganado y de carga pesada fue favorable para que los trenes de carga se detuvieran en muchos lugares rurales y no solo en las ciudades.

El mencionado presidente favoreció las instalaciones de comedores y confort en los trenes para pasajero, lo que fue muy importante para largos trayectos. Había nacido al mismo tiempo un nuevo transporte que se extendió por todo el Uruguay, a saber, el camión, que ya estaba compitiendo y triunfando contra las carretas, pero le había llegado un competidor nuevo a quien no pudo derrotar, aunque lo intentó, el tren fue más rápido que los camiones como estos habían sido más rápidos que las carretas.

Los camiones de los hermanos Cuñetti surcaban de Rocha a Garzón y a Montevideo en 4 a 5 horas, no en dos meses como lo hacían las carretas, pero el ferrocarril rompió ese récord. Esos camioneros seguían haciendo cargas, pero se rindieron y cambiaron sus servicios en forma local, quizás hasta que existiera más producción, lo que sucedió más adelante cuando el ferrocarril murió, así que ellos fueron nuevamente los triunfadores como lo habían hecho con las carretas.

El Uruguay tuvo varios tipos de ferrocarriles, locomotoras y trenes rápidos y modernos, con diésel y con nafta, lo que mejoró el tiempo de recorrido entre ciudad y ciudad. El ferrocarril, al pasar a ser un elemento de rapidez y comodidad parta los pasajeros, trajo la feliz posibilidad que ocurrió como le pasó con los camioneros, que otros hicieron funcionar su poder creativo y aparecieron los ómnibus potentes, rápidos, cómodos y con guardas que atendían con simpatía a los pasajeros, además con precios menores que el del tren, siendo un ejemplo de esto la empresa Onda, la cual compitió con los ferrocarriles, que sorprendió a los técnicos ferroviarios.

En 1968 circuló un tren llamado coche motor, mucho más rápido que los camiones de Montevideo a Punta del Este, pero solo estuvo a prueba no usándolo en el futuro, aunque se usaron nuevos trenes que llegaron hasta La

Paloma en 1977. Donde el ferrocarril logró triunfar a plenitud fue en las cargas de mercaderías de todo tipo, incluso el ganado. En el libro sobre los ferrocarriles publicado por el ingeniero Franco Vásquez, uno de los pioneros en todos los tiempos del sistema de ferrocarril uruguayo, se anotaba que en 1950 las locomotoras a vapor recorrían cada mes a la par de otros ferrocarriles extranjeros y que en ese año había 35 máquinas con gran potencia de arrastre y velocidad, las cuales hacían un promedio de 8000 kilómetros mensuales.

El 28 de febrero de 2003 el último tren se detuvo y se cerraron las puertas de la Estación Central. Los motivos son muchos y muy variados: desde el factor económico hasta los cambios de producción, de los tipos de carga, de la falta de organización, de pocos recursos para reparaciones, de pérdidas económica, y además, como siempre, mala administración.

Pero un país moderno no puede estar sin ferrocarriles y trenes, tanto para pasajeros como para carga, por lo tanto, se puede asegurar que algún día en las mismas vías u otras vías y en los mismos lugares u otros lugares diferentes del Uruguay volverán a rugir estas máquinas poderosas. Y tantos pueblos que murieron por esta causa volverán a levantarse. La fotografía que se muestra en seguida es de un tren flamante publicado en Wiki, muy similar a los que pasaban por la vía a Rocha y de regreso a Montevideo. Las fotografías que le siguen son de carrozas de tren abandonadas y guardadas con emoción en el pueblo, como la ven descansan, cuando los habitantes de la época de gloria de Garzón, que visitan al pueblo y pasan por el lugar, de forma obligada se detienen a recordar la época en que estos vagones se detenían y cargaban mercadería en la estación.

Para el recuerdo: vagones del ferrocarril.

Un ciudadano que reside en Garzón, con un gran sentido estético, construyó su casa en ese pueblo como un homenaje o quizás una crítica a la falta de trenes, recordando esa época y al observar y admirar su vivienda, recordamos la época de los trenes.

27. Ampliación comercial. Actividad pasada y presente

De acuerdo con Eduardo Acevedo, escritor del libro *Historia uruguaya después de Artigas*, en 1852, Maldonado tenía una población cercana a los 10 000 habitantes, siendo el cuarto departamento después de Montevideo, Canelones y San José en número de habitantes.

El renacimiento de Alemania como país industrial propició la llegada a nuestro país de técnicos especializados en diferentes ramas de las ciencias exactas. Don Leopoldo coordinó con ellos una serie de acciones para mejorar las máquinas del molino, dando como resultado un crecimiento del sector industrial. En sociedad con Santiago Cordone, un molinero de Rocha, compraron máquinas del molino de Pan de Azúcar y reorganizaron el molino de Garzón. Asimismo, contrataron a un especialista molinero llamado Bartolo Barrales, quien poseía conocimiento de los molinos españoles duplicando la producción para toda la zona sur del país.

En 1936 fundó la primera panadería en Garzón a cargo de su segundo hijo Roberto, casado con la hija del encargado de la oficina del correo, Telma Méndez. En 1949 inauguró la panadería de la ciudad de La Paloma. El comercio en Garzón prosperó a partir de 1945 con el supermercado de Pereira Amatti, también frente a la plaza y a la farmacia. Sin embargo, hoy es una edificación vacía.

La tienda de ropa del turco Massud, muy famosa en 1935, hoy es el hotel y restaurante Mallman. Además del comercio que atendía en persona,

Massud había comprado un ómnibus con capacidad para 10 personas para viajes a la estación del ferrocarril y algunos intermitentes días a San Carlos, como ya habíamos mencionado, era un inmigrante e importante ciudadano de Garzón en todos los aspectos de ayuda. Por su parte, Orlando Rodríguez tenía una carnicería, y como era un fanático jugador de naipes, hacía sus juegos en un almacén en frente a la carnicería. Quizá tenía pocos clientes, porque cuando ingresaba alguien a comprar carne se levantaba y cruzaba la calle para atenderlo.

El almacén de Martínez en 1940.

El club social en 1945.

Vuelta al pago en en 1950.

Vuelta al pago en 1951.

Fiestas patrias en 1945.

La panadería de Roberto Lazo.

Roberto y Delia Lazo en la panadería.

Camioneta para el reparto del pan en la zona.

Obreros del molino en 1938.

Vista aérea de la plaza en 1945.

El viejo galpón de harina convertido en salón de baile en 1940.

En las épocas prealcaldías se comenzó una reacción de mejoras municipales en el pueblo que se acrecentaron con rapidez con el nombramiento de las alcaldías.

En épocas modernas, cerca del arroyo se establecieron zonas de campamento y recreación.

La ganadería puntual para la zona.

Desde el punto de vista de la ganadería agropecuaria, la zona se vio muy favorecida, y como la superficie de los campos era amplia, el contacto con José Ignacio, que era la zona vecina más próxima, tenía una relación frecuente con Garzón. Allí se instaló un italiano, quien fundó una estancia muy grande en extensión y llegó a tener gran capital y muchos vacunos de raza antes del año 1940. Sus hijos, sobre todo Juan Ramón Mora, modernizó a partir del año 1950 esa estancia y él junto con su personal tenían relación directa con Garzón por el tren y por el correo.

El territorio de José Ignacio también empezaba a ser llamativo por sus playas. Algunas familias de Garzón solían concurrir a ese lugar en verano, para lo cual se armaba una carreta tirada con bueyes para llevar personas a disfrutar de la playa, puesto que por los médanos de arena que existían desde el camino hasta el mar solo una carreta podía pasar.

Camino actual Leopoldo Lazo desde la ruta 9 al pueblo Garzón
restaurado el antiguo camino vecinal a lo de Izcua.

Los jardines de la casa familiar de Bruno Varela
en la actualidad.

La plaza, hoy tan limpia y presentable como antes.

La construcción del puente del ferrocarril sobre el arroyo Garzón, hoy zona de recreación.

28. La salud en el pueblo

Respecto a este tema, vale la pena mencionar que para 1940 no había sanidad y que la presencia de médicos era escasa. No obstante, la Constitución de la República establecía que el Estado garantizaría la asistencia gratuita en salud a todos los que carecieran de los medios suficientes. El Ministerio de Salud Pública se creó en 1934, cuando Garzón apenas estaba desarrollándose. A la vez, se crearon establecimientos de salud en más de 50 locales en el interior del país y más de 10 en Montevideo, además de otros servicios con objetivos determinados en algunos ministerios, y en el Banco de Seguros se ofrecía atención relacionada con accidentes laborales.

En 2005 surgió la reforma al sistema de Salud Fonasa, considerándolo un derecho inalienable de las personas y un bien social, cubriendo a todos los funcionarios y convirtiéndose en un Sistema Nacional Integrado de Salud (Asse) de forma descentralizada, donde Maldonado determinó el nombramiento de visitas de médicos y el nombramiento del primer enfermero en Garzón. Pero con anterioridad a estas actualizaciones legales y técnicas establecidas, no podemos olvidar a personajes voluntarios que con gran esfuerzo y dificultades atendían la salud del pueblo.

Lo que existía se consideraba una buena atención, dedicación o con intento de curar, sanar y evitar el dolor a personas que lo necesitaban y requerían su atención o para la curación de algunos males muchas veces no identificados en el Garzón que crecía en población y se acercaba el pasaje del ferrocarril, que se detendría en la flamante estación para que los viajeros del pueblo o de otros lugares bajaran o subieran como pasajeros hacia Rocha o Montevideo. En estas últimas ciudades se atendían a los enfermos en general, pero sobre todo a los de gravedad.

En 1874 había un boticario con las llamadas boticas, primeras farmacias que cubrían de forma parcial la atención de algún enfermo. Los orígenes de las muertes no necesitaban ser analizadas, se decía que «murió porque tenía una enfermedad desconocida» o porque se presumía de enfermedad pronosticada por la familia o «murió porque Dios lo llamó».

Sobre esto, destacaba en Garzón la farmacia del químico Alonso, un extraordinario señor con mucha cultura y experiencia que atendía con mucha sabiduría y delicadeza. Era el único que podía encaminar los problemas de salud que le consultaban. La farmacia fue una gran solución, puesto que no faltaban medicamentos de primera instancia. Los santiguadores y curanderos, parteras y sanadores eran indispensables también. A ellos les dedicaremos un homenaje en este libro.

San Carlos, la villa que tuvo en la zona por primera vez un médico —Simón Estades— que estuvo poco tiempo y cubría Maldonado. Más adelante estuvo Teodocio Ranza y en 1906 el doctor Labat. Si tenían complicaciones en su salud, los pobladores de Garzón iban a San Carlos o a Rocha. Por su parte, el Hospital de Maldonado enviaba un médico cada 15 días después de que el intendente Francisco Salazar inauguró la policlínica. El Dr. Pons, que residía en Punta del Este, viajaba cada semana.

El primer sistema de salud, surgido de forma casi espontánea, fue el relacionado con los partos y los nacimientos antes de que llegaran médicos al pueblo. Se debe mencionar a un personaje femenino famoso, que fue Mamá Chinta o doña Zenona (no pudimos confirmar el nombre), una afrodescendiente hija de esclavos, quien fue la única partera reconocida en el pueblo, pues había otras menos famosas. Ella se especializaba en nacimientos y en ayudar a las parturientas en sus días cercanos al nacimiento de su hijo para preparar la situación de la nueva vida, que fueron muchos garzonenses oriundos del pueblo a los que ayudó a nacer.

Hoy resaltamos la labor de esa morena libre de aquella época, que era considerada un personaje muy importante, dado que la atención en emergencias ante la situación de un nacimiento en ese momento no es comparable con la situación actual.

Pensemos en esa época: la llamada de urgencia y la presencia inmediata de doña Chinta; el grito típico de «¡calienten el agua en una palangana y una toalla limpia! ¡Pa' fuera los hombres!». No se conocía la anestesia ni la cesárea, ni la iluminación ni la higiene. Solo se contaba con agua y jabón, además de la guapeza con experiencia. Si el niño lloraba, todo era alegría y doña Chinta se convertía en una heroína. Si bien algunos comentarios de que doña Chinta sabía algo de brujería, esto no era cierto. Es verdad que recomendaba algunos «yuyos» que conocía como buenos y de los cuales había aprendido gracias a los conocimientos de sus padres esclavos.

De igual manera, y de acuerdo con la escritora Lucía Núñez, había en los primeros tiempos de San Carlos una famosa partera de nombre Delmira que concurría a José Ignacio y a toda la zona cercana. Lo que sí podemos agregar con respecto a la salud médica es que Delmira era una mujer muy laboriosa, delicada y con gran conocimiento, que podríamos hoy catalogar de primeros auxilios y atención inmediata. Era una joven considerada como la primera enfermera profesional, aunque solo podría tener algunas habilidades de primeros auxilios aprendidos en Rocha. Irma Icardi, hija del carpintero del pueblo, era una mujer atenta, extraordinaria y voluntariosa. Llegaba con prontitud a donde la requerían y ante cualquier demanda hacía lo que podía.

Las atenciones a los enfermos se hacían mediante con la participación de Irma y ante las dudas, se aconsejaba un inmediato traslado a las ciudades vecinas, y los nacimientos con la referida partera empírica nombrada si era aceptada por la parturienta o el traslado inmediato a San Carlos o Rocha según la vinculación a familiares que se tuviera.

No hubo en Garzón médicos sino hasta muy entrado el siglo XX, época en la que comenzaron a visitar el pueblo profesional del Hospital de

Maldonado. No fue sino hasta 1997 cuando se regularizó la atención médica normal en todos los pueblos del país. Por eso al mismo tiempo arribó a Garzón un personaje que más adelante sería famoso. Se trató del extraordinario médico y excelente persona, el doctor Julio Macedo, quien le dio un impulso a la clínica instalada cerca del municipio con varias reformas.

Con Julio Macedo arribó también una enfermera que hasta muchos años después se convirtió en la conductora de esa clínica, la señora Mónica Izcua. Esta funcionaria proviene de una destacada familia muy relacionada con el pueblo Garzón. En los primeros años de su desarrollo cerca de la comisaría y escuela de la ruta 9. También se destaca el odontólogo de San Carlos Beltrán Barrios, quien fue famoso en su ciudad no solo por su profesión, sino también como ciudadano carolino destacado. El señor Barrios concurría una vez por mes a Garzón con sus aparatos para examinar la boca a quien lo solicitara. Extraer muelas era lo más común.

Cuando no había llegado la electricidad al pueblo, ese altruista profesional, si bien llegaba de día para sustituir la falta de energía eléctrica, ante los asombrados mirones, traía una máquina de madera que hacía girar una rueda con el pie para mover el pequeño instrumento que es una turbina, que no tendría la velocidad necesaria pero que le daba gran utilidad.

El señor Barrios conoció a Leopoldo Lazo. Este le comentó que a falta de entendidos en esa profesión durante los años antiguos en Garzón, aconsejaba a los que tenían dolor molar y algún diente estaba flojo, lo atara con un hilo a una puerta que cerrara con violencia y saltaría el diente soportando el dolor, que se aliviaría con posterioridad. Don Leopoldo, que tenía soluciones creativas para máquinas y para medicina, asombraba al profesional de las primeras épocas, pero este bien comprendía que la vida humana, sin conocimientos médicos al no difundirse en los pueblos en esos primeros tiempos, el asombro del dentista no fue por la solución del problema, pues el mismo 5 o 6 años después dejaba de usar el sistema moderno que traía a Garzón e instalaba en su consultorio un sistema eléctrico para su moderna turbina.

El hijo de un comerciante frente a la plaza, Wilman Pereira, cuya infancia sucedió en Garzón, se fue a Montevideo y se recibió de médico, pero no se instaló en su pueblo, como la mayoría de los jóvenes que migraron a Montevideo o a Maldonado, algunos abogados, otros comerciantes, empleados públicos, prácticamente no regresaron, la realidad económica, la realidad social, familiar y económica, impidieron volver a lugar de origen de jóvenes que destacaban en las ciudades donde el trabajo era más grande y el futuro.

Como se decía y se dice hoy, las ciudades con mejores condiciones «tragan» los valores personales de los pueblos vecinos, y los hacen a muchos alejarse del campo, quedan solo los que su espíritu y su amor a la tradición familiar los forma física y moralmente, o son agricultores o ganaderos que su interés económico les ofrece mejor vida.

Dina Lazo única descendiente de Leopoldo actualmente
en la clínica de Garzón.

Ya en épocas más actúales, la clínica médica de Garzón recibió una asistente Social, necesaria para muchas familias, quien quizás como homenaje a sus antecesores actúa hasta el presente con mucha dedicación y humanismo. Se trata de Dina Lazo, nieta de don Leopoldo e hija de Sebastián y Eduarda, además de hermana de excelentes profesionales. Su padre Sebastián era el hijo menor de Leopoldo, único de sus hijos que trabajó en su juventud en el molino hasta su independencia como técnico electrónico que se desempeñó en Maldonado.

La clínica para la atención de la salud en Garzón.

29. Electricidad y agua potable

Frente a este tema, hasta el año en que fue instalado era imposible soñar con la rápida llegada de esa ventaja que tenía Montevideo. Recordamos que estamos tratando al pueblo Garzón entre los años 1700 y 1800, y Thomas Alva Edison solucionó el problema de las lámparas incandescentes que le preocupaba logrando mantener la luz determinado tiempo. Recién en 1878 pudo lograr el mantenimiento de la luz por 48 horas. En 1890 se probó la corriente eléctrica alterna para las sillas de los condenados a muerte, todo en diversas pruebas.

En esa época, todo el sistema de vida era campesina; las estufas funcionaban con leña y las lámparas de todo tamaño y tipo lo hacían a partir de la mantilla y el queroseno. Aunque las velas también se usaban, estas no eran muy apreciadas. Los faroles a mantilla y las lámparas con queroseno se veían de noche con su luz en casi todas las ventanas.

Con respecto al agua corriente, recordemos que en Montevideo recién en el año 1871, el presidente de la República, el general Lorenzo Batlle inauguró el primer chorro de agua en la plaza Matriz, que era bombeada del río Santa Lucía. Pero lavar la ropa en el arroyo o con agua llevada en tanques, como la gran solución de los aljibes, estos para juntar agua de lluvia y los pozos semisurgentes que cada casa de familia podía instalar resolvían el problema sin inconvenientes para las esforzadas amas de casa.

El aljibe.

Hubo un adelanto por los años posteriores a 1945 dado por la instalación de unos faroles que funcionaban con queroseno. Dicho adelanto estuvo a cargo de la comuna municipal y estos se encendían de noche. Además, estaban ubicados en las calles frente a la plaza, no eran más de 10. Fue en 1961, durante el gobierno de Zalazar que la electricidad empezó a hacer parte de la vida de los habitantes. Se trató sin ninguna duda de un acontecimiento trascendental que contó con la presencia del intendente que pertenecía al parido Nacional y de otras autoridades departamentales. En 1978 se instaló la primera conexión telefónica en cabina de campana, pero estas no hicieron parte de los hogares sino hasta 1980.

Hoy lucen tanques de ose a disposición.

30. La aviación en el pueblo Garzón

Otra innovación que surgió en el pueblo por el año de 1945 consistió en la aviación. Esta se dio de la mano de la llegada de un montevideano llamado Enrique Caman, de origen francés que posó una avioneta en los campos adjuntos al pueblo llamando una poderosa atención de los pobladores, quienes nunca habían visto un avión.

Caman compró una casa cerca de la iglesia frente a la plaza para vivir con su familia y viajaba de forma constante a Montevideo en su avioneta, lo que muchos aprovechaban para hacerle encargos que traía de la capital. Fue el primer contacto con Montevideo antes que el ferrocarril y más rápido que las carretas. Ya habían aparecido otros innovadores modernos que empujaron esa zona, que además tuvo un crecimiento ganadero floreciente en sus alrededores.

Aeroplano parecido al Machi Harriet HD.1. que aterrizó en Ecuador en 1921 y que fue mejorado en 1940.

CAPÍTULO VII

31. La enseñanza y la escuela

Antes de hablar de escuela y educación, conviene leer y analizar a José Pedro Varela, en particular lo que él decía en 1874:

> Es relativamente secundaria la acción de los gobiernos y errónea atribuirles la causa de la felicidad y las desgracias de las naciones, podrán concurrir en el sentido del bien y o del mal, pero su acción es siempre secundaria, transitoria la causa de la felicidad o la desgracia de los pueblos. Es en sus costumbres donde deben buscarse las causas permanentes y eficientes de la felicidad. Es en la sociedad misma, en su constitución, en sus hábitos, **en su educación donde deben buscarse las causas permanentes y eficientes de la felicidad o desgracia de los pueblos. Encuéntrese en el estado de las escuelas la explicación elocuente cuando se conoce la relativa ignorancia de los pueblos**.

La Escuela Pública Rural de Garzón se instaló en una casona con amplios patios en el año 1917 y su primera maestra fue Teresa Maizonave, familiar de un importante campesino de la zona. La escuela se construyó en terrenos donados por dicha familia hasta tercer año de clase y a partir de 1940 se empezó a impartir hasta sexto año.

José Pedro Varela había escrito en el año 1874 su libro *Educación del pueblo*. La Escuela Rural de Garzón con el N.º 5 abría sus puertas con 47 niños y niñas, todos hijos del pueblo, el orgullo de sus padres, la novedad de los habitantes del pueblo, la incredulidad de muchos campesinos que no sabían lo que era una escuela.

En 1917, cuando nace esta escuela, la mente de los uruguayos se abría al porvenir con una nueva Constitución que reemplazaba la primitiva, unitaria y clasista, Constitución impuesta y controlada por extranjeros, aunque necesaria según su época.

La educación empezó a aparecer en la cotidianidad del pueblo para combatir la ignorancia y superar el analfabetismo. No solo en Garzón, sino que también muchos integrantes del pueblo uruguayo, en especial campesinos y sectores de grupos sociales con dificultades de oportunidad eran analfabetos, solo quienes habían concurrido a escuelas católicas o cuyos padres o abuelos eran españoles o italianos podían transmitir a sus hijos algunos conceptos de escritura, números y los comentarios verbales de historia y hechos políticos o sociales de la vida familiar. Eran ellos quienes tenían en sus manos la sabiduría de la época. Ellos y también los autodidactas, quienes siempre aparecieron muchos por suerte. Se cultivaban a sí mismos y si se les agregaba inteligencia natural se convertían en líderes sociales.

Había terminado la guerra, pero no las revoluciones. Aún era necesario ordenar las estructuras para que las ideas de Varela se cumplieran. También se necesitaba tiempo. Su hermano Jacobo fue quien completó su obra. Se comenzaba a vivir y a materializar la Constitución que reemplazó a la primera de la fundación del Uruguay y se mejoraba la vida rectora de la ley madre con conceptos más modernos y razonables. Las mujeres podían votar y los analfabetos y los jornaleros pasaron a ser ciudadanos.

Desde que las puertas de la escuela de Garzón se abrieron, egresaban alumnos con una amplitud mental diferente. La Escuela había entrado en sus corazones y los habitantes del pueblo, por medio de los escolares, los comentarios de sus padres y las conversaciones populares fueron muy diferentes.

Los alumnos de 1944, el patio y las maestras. La directora Elvira Celsa en el centro, María Ester y Mirta Frade.

Había ingresado una maestra que también fue directora, una maestra con un legado histórico que perduró hasta 1950 cuando se retiró. Se puede decir que durante 21 años fue el símbolo de una relación empática con la gente del pueblo, ejemplo de la enseñanza primaria a sus hijos, que le dejó una impronta, una marca tan fuerte que todos los alumnos que participaron bajo su dirección no olvidarán. Se trata de Elvira Celsa.

Ilustrada y con un gran amor hacia sus alumnos, fue también acuarelista y escritora, poeta y amiga, símbolo del saber que sembró tantas semillas que germinaron y si hubiese permanecido en Garzón, este pueblo sería un bosque del saber. Sus alumnos se desintegraron en el país que nacía al porvenir y dieron lejos de su pueblo natal en muchos lugares del territorio, su valioso apoyo para el progreso nacional.

La escuela pasó a denominarse N.° 16 Rural con los maestros Mirta Frade, Ángela de León, María Esther, Milka Moro de Pereira, Ercilia Barta Ballestero, Silvio Pereira y muchos más. Para esa época también contaba con más de 100 alumnos mientras que para 1970 solo había 30 alumnos y en el peor momento de decadencia poblacional llegaron a concurrir no más de 20 alumnos.

La escuela no tenía lugar para su desarrollo y en 1945 se inauguró el local actual, el cual era moderno, actualizado en arquitectura y funcional. En aquel año tenía más de 110 alumnos. La gran directora Elvira Celsa se retiró en 1950 para dar paso a jóvenes maestras que con la misma consigna de dedicación y amor continuaron con la siembra.

Mirta Frade, oriunda de San Carlos, tomó la posta. También de esa época fue una maestra oriunda de Artigas, de Bella Unión, el pueblo más lejano de Maldonado. Llegó al Magisterio Ercilia Balta Ballestero, quien se casó con Washington, hijo del comisario. Ella compartió con el primer maestro varón que ingresó en la escuela, el señor Ricardo Casanova en 1954, quienes tomaron la responsabilidad de seguir culturizando con gran esfuerzo en un pueblo que decaía, ya los alumnos habían bajado a 30 integrantes.

1° y 2° grado. Año 1968.

3° y 4° grado. Año 1968.

Entretanto, la novedad para las escuelas públicas valerianas del Uruguay fue la política que emprendió el Ministerio de Educación y Cultura, que debía intensificarse y controlarse que la enseñanza fuera de manera estricta la ideada por Varela, así que varios inspectores de primaria recorrían de Montevideo hacia Rocha visitando las escuelas con la misión de difundir, exigir y controlar que el sistema vareliano de escuela pública cumpliera con su programa de laicidad y enseñanza gratuita.

Equipo de fútbol de la escuela. Año 1969.

Desde 1980 y hasta 1988 el maestro Silvio Pereira estuvo a cargo. Luego, en 1992 ingresó Silvia Orse, nativa de Aiguá, pero con padres garzonenses. Ella se vio influenciada de una manera muy importante por la escuela. Después, se casó con el maestro Gustavo Salaverri, quien fue su compañero en el desarrollo de una gran actividad hasta el año 2000. Volvió en 2005 y se retiró en 2019. Durante 16 años vivió en Garzón y enseñó en la escuela con no más de 24 alumnos al principio y terminó con 40, lo que avizora que la escuela comenzaba a crecer de nuevo.

La escuela en su conjunto. Año 1970.

Pero estaba naciendo un nuevo siglo. A partir del año 2000 la computadora y el celular comenzaban a reemplazar libros de menor importancia, aunque los buenos jamás serán desplazados, pero la necesidad de ganar tiempo se hizo carne en la sociedad y muchos alumnos ya no venían a la escuela a caballo.

Clase del año 1992 con el maestro Gustavo Salaverri
y la maestra Silvia Orse.

La mayoría de los maestros de Garzón, como todo maestro de campaña, viajaban, y pese a las mayores dificultades que existían en comparación con los maestros de las grandes ciudades, no decaían. Se instaló un comedor escolar y todos almorzaban en la misma mesa al mediodía. Había un gran sentido de familia y sus maestros ocupaban una parte de los deberes de los padres de sus alumnos, aunque fuera poco, pero ha sido y es un complemento de la enseñanza de la vida que suma a la enseñanza del intelecto.

Alumnos con su maestro Gustavo Salaverri. Año 1996.

La escuela en la actualidad.

La escuela rural de Garzón.

Portón de ingreso a la escuela.

Niños y maestras de los cursos del año 2022. 28 niños cursaban sus estudios y había 6 maestras y practicantes.

Directora y maestras en el año 2022.
De izquierda a derecha: Melanie Rodríguez, Melany Márquez, Leticia González, la directora Analia Aristimuño, Lucía López y Matilde Barboza.

Las banderas nacionales.

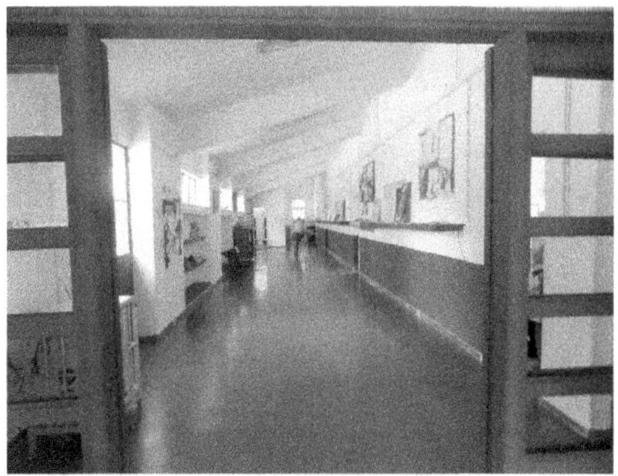

Pasillo hacia los salones de clase.

Durante sus primeros años de inauguración, la escuela de Garzón se constituyó de forma inmediata en el centro cultural del pueblo. Muchos habitantes nunca habían concurrido ni siquiera a ver un local de escuela. Los niños la tomaron como su segunda casa y las primeras maestras, con gran sabiduría y quizás como misión propia, se relacionaron con las familias del pueblo que a partir de ese momento vivió un cambio que repercutió en todo el lugar. En definitiva, la escuela se convirtió en un centro educativo no solo para los niños inscritos, sino también para sus padres.

32. La casa de la Cultura

La Casa de la Cultura se instaló en la casona de más de media cuadra que era de Leopoldo Lazo y su familia en la misma manzana del molino. La creación del Centro Comunal, la biblioteca y el museo en la vieja casa de don Leopoldo, reconstruida conservando las instalaciones primitivas de sus paredes y pisos de la época. Mucho tiempo después se instaló el centro cultural necesario, ya que los alcaldes, preocupados por su pueblo, tomaron como misión crear la Casa de la Cultura en el local que había sido la casa de familia de don Leopoldo, conservando sus pisos de cerámica su paredes, y con pinturas y esculturas estas principalmente de Mario Lazo, el gran escultor garzonense y de otros artistas garzonenses cuyas obras pueden ser observadas en todo el departamento de Maldonado y de su hijo Herbenn, que con otro estilo complementó una línea artística importante y muy necesaria.

Patio de la Casa de la Cultura.

33. Las artes plásticas

Entre las actividades artísticas, el caso de poetas, escritores y artistas plásticos, en este último género destacamos a Mario Lazo y a su hijo Herbenn.

En principio con la maestra y directora de la escuela Elvira Celsa, gran acuarelista y puntal fundamental para orientar a futuros alumnos que en esa época soñaban con progresar y algunos podían elegir el camino del arte. Mario era ahijado y sobrino de don Leopoldo por parte de un hermano que no habitó en Garzón, a saber, Toribío Lazo, sino que fue un ciudadano rochense, carpintero y cantor acompañado por su guitarra.

Mario nació en Garzón en 1922. Su madre fue Josefa Bonilla. Desde niño manifestó el deseo de darle forma a la materia, el mismo barro arcilloso que utilizaba en sus juegos infantiles. Tan fuerte fue su vocación, que en la adolescencia abandonó su hogar, puesto que su padre tenía la opinión de que el arte no era redituable como forma de vida. Esta idea, pese a lo negativo, podemos decir que es cierta, salvo si eres futbolista o músico, dos clases de arte que predominan la actualidad.

En 1950 la Intendencia Municipal de Maldonado, por solicitud de la dirección de la Escuela Nacional de Artes plásticas, colaboró con una beca económica inicial y única para sus estudios, lo que le permitió ser ayudante de profesores y más adelante ser profesor de bellas artes y de secundaria.

Radicado en Montevideo, fue técnico escenográfico en los teatros municipales de la ciudad, de la Comedia Nacional, Sala Verdi y Teatro Solís. Fue maquinista, realizó utilería y armado de decorados y escenografía. Fabricó carros alegóricos para el carnaval para la Comisión de Fiestas de Montevideo.

Paralelo a esas actividades, continuó desarrollando el arte de la escultura. Efectuó exposiciones, obtuvo varios premios y sus obras figuraron en museos nacionales y departamentales, además de en colecciones particulares nacionales y extranjeras. Logró tener 8 medallas, varios diplomas y múltiples reconocimientos.

En 1969 se radicó en la ciudad de Maldonado junto a su esposa Violeta Dorrego y sus dos hijos Vilna y Herbenn, trabajando como administrador del diario *Punta del Este*. Fue miembro de la Comisión de Cultura Departamental y dirigió durante 16 años la feria artesanal de Punta del Este. Una de sus obras destacadas es el Cristo de la Capilla del Cuartel de Dragones realizado en madera, y una alegoría al general José Artigas, la cual se encuentra en el mismo cuartel. Hay muchas obras en capillas e iglesias, así como retratos de varios personajes en madera.

Mario Lazo. Foto del diario El País.

Mario Lazo en Garzón y su obra La madre hecha en madera.

Herbenn Lazo, su hijo, fue pintor y escultor. Se especializó en las técnicas de cartapesta, que en las escuelas le solíamos llamar colaje y aludía a todo aquello que se pegaba, se pintaba y se adaptaba al papel. En este caso, es una escultura en cartón, papel, madera y elementos reales de uso cotidiano. La obra que se encuentra en la Casa de Gobierno frente a la plaza Independencia permite apreciar *La diligencia del este*, una obra que emula el transporte homónimo propio del siglo XIX y que luego fue reemplazado por el ferrocarril y por los ómnibus. Este tipo de transporte sirvió para recorrer todos los caminos de tierra de nuestro Uruguay de aquel siglo.

La diligencia del este se elaboró con técnicas modernas, no solo por el material confeccionado sino también por el tamaño. Además, se fabricó en las vidrieras de la Casa de Gobierno. Herbenn Lazo también realizó varios trabajos sobre gauchos, obreros, personas con paraguas, caminando, corriendo… todo en papel pegado con cola, engrudo que después pinta y decora para dar como resultado geniales obras de arte.

Por último, Herbenn, junto con un grupo de artistas ha trabajado en equipo diversas obras de este tipo. En el caso de la obra que mencionamos, esta fue realizada en grupo con Olga Olivera, Roberto Olivera, Nery Aquino y Walter Blanco. Hasta ese entonces, en Uruguay solo había en exhibición *La diligencia*, obra del escultor Belloni.

Herbenn Lazo trabajando en su taller.

Dos obras de Herbenn Lazo.

Vivienda de Mario Lazo y su familia en Garzón.

34. La literatura y la música

Respecto a este tema, se puede considerar que la primera maestra y directora de la escuela, Elvira Celsa, dibujante, acuarelista y escritora les dio a sus alumnos el empuje inicial para la literatura y al arte, como la cultura en general. Fue una excelente maestra dedicada por completo a alentar la cultura en la población de la que era idolatrada.

Uno de los escritores de Garzón, que además fue el jefe de la estación de ferrocarriles es Roberto Pereyra Fello. Él editó varios libros de cuentos, poesías y anécdotas. Además, se dedicó al estudio del campo, fue defensor del naturalismo y de la vida al aire libre con la naturaleza.

Cabe señalar que la actividad de la Estación del Ferrocarril y de Roberto como jefe fue muy eficiente. La estación era muy activa por el complejo empresarial que fue AFE con sus obreros, sus ruidos en las estaciones, cargas y descargas de material y animales.

Era un mundo nuevo para el pueblo, pero sucedían situaciones personales que el jefe debía resolver y que incluían enfermos, ebrios, ancianos, comisionistas, pérdida de pasajeros, pérdida del boleto de viaje, detenidos custodiados por policías, etc.

Ana María Viroga lo detalló en el prólogo de uno de sus libros como conocedor profundo de la madre naturaleza, un autodidacta observador incansable del significado que tienen los pétalos de las margaritas silvestres, la temperatura ambiental para el canto de los grillos, la vida de los insectos y del porqué de la influencia de las estrellas en las noches.

Fue entonces poeta naturalista y un romántico por excelencia, aunque práctico para vivir y para usar plantas y materiales naturales. Uno de sus libros más populares es *El enanito del arroyo Garzón*. En este resalta el respeto al medio ambiente, el amor por la naturaleza y las descripciones de la vida en el campo, así como sus intimidades en una mezcla de arte surrealista. No solo es entretenido, sino también ilustrativo para que los habitantes de las grandes ciudades conozcan lo que hay en el corazón de la naturaleza.

Para que el gaucho no muera contiene poesías gauchescas y cuentos del campo cuyo conocimiento hoy no debería perderse. Otra obra destacada es *Consejos de Martín Fierro*, escrito en versos; *Poemas de amor, Mantenerse joven y con amor*, además de varias publicaciones más que se han difundido. Uno de sus últimos libros es *Reportaje a Dios*, donde la filosofía religiosa y los interrogantes de los seres humanos para intentar descubrir las obras de un creador —que, si se da por cierto su existencia, es lógico que la inteligencia humana la recibimos de él—, hacen parte de los temas centrales. Sus disertaciones son asombrosas, nos hace meditar y razonar, nos hace comprender que la ciencia y la religión pueden ser compatibles mediante el razonamiento filosófico.

En cuanto a la música, es interesante pensar a la distancia, que en ese pueblo se formó una orquesta musical de los hermanos José y Walter González.

Tenían bandoneón y guitarra, otros con violín y bandolín que aprendieron en Rocha y que recorrían los pagos con su música popular. Por otra parte, los bailes que se realizaban en el Club Garzón tenían gran trascendencia en la zona e incluían visitantes de Rocha y los alrededores. Entretanto, el orgullo del pueblo era presentar su orquesta local, que no envidiaba a las rochenses más conocidas.

Por último, se tiene conocimiento de una extraordinaria escritora y poeta premiada radicada en Venezuela y que fue reconocida a nivel internacional. Su nombre es Ángela Peña Techera. Nació en Garzón y realizó la primaria en ese pueblo. Su familia era la de Fermín Core.

CAPÍTULO VIII

35. Los deportes y el fútbol

El dueño de un comercio importante, por su antigüedad y categoría en Garzón, fue Isidoro Martínez, muy dispuesto para las acciones culturales, deportivas y de mejoras para el pueblo. Martínez fue uno de los ciudadanos más reconocidos y activos de la época, puesto que impulsó con mucho esfuerzo el fútbol en conjunto con el panadero Roberto Lazo, el hijo de Leopoldo, que puso y atendió el local del Club en un pequeño salón de la panadería. En esos tiempos se creó el Club de Fútbol Garzón, cuya camiseta era a rayas roja y blancas como uno de los cuadros más antiguos del departamento. Los competidores mayores fueron los cuadros de fútbol de Rocha, la ciudad más cerca a San Carlos que también fue competitivo con varios cuadros. En esas ciudades había mayor comunicación; pasando el arroyo estaba el Garzón de Rocha, no había terreno para la construcción de la cancha de fútbol, por lo que se consiguió parte del terreno sobre el camino rumbo a la estación. Más tarde ese terreno se cambió para ubicarlo más cerca al arroyo.

Los niños, que con el ambiente del fútbol de mayores imitaban en las calles las prácticas, tenían al principio que armar la pelota con medias y telas (la llamada pelota de trapo), hasta que llegó el ferrocarril y los comisionistas que venían de Montevideo pudieron traer pelotas de cuero encargadas al London París.

El fútbol de Garzón, que nació hacia 1940, continuó su crecimiento hasta finales del siglo XX con dificultades, pero siempre con interés de los aspirantes a integrar el equipo y a sus dirigentes. Justo a finales de ese siglo uno de los dirigentes más reconocidos fue Rolando Suárez, padre del primer alcalde de Garzón. Otros destacados fueron Raúl Casas, quien jugó en Montevideo en Racing y el Toto Acosta, quien jugó en San Carlos. Del pueblo resaltó Segundo Izcua, Washington Lazo, Marchán Acosta —quien fue el capitán de Central Español—, Chiche Núñez; Leandro «*el rata*» Olivera y Ariel *el gaviota* Núñez. Fueron ellos los mejores y varios otros buenos que no llegaron a las ciudades. De muchos no se recuerdan sus nombres propios y, además, hay varios de los nombrados que jugaron en los cuadros de San Carlos y Rocha.

Ahora bien, uno de los personajes que el fútbol brindó para la zona del este fue un garzonense joven con voluntad y vocación deportiva que se había convertido en el director técnico del Garzón Football Club en su primera época, misma en la que se dieron a conocer los triunfos de 1924 de la selección uruguaya, pero que todavía no había sido campeona del mundo. Este personaje soñaba con desarrollar una actividad gloriosa en el deporte tan entusiasta como ha sido siempre el fútbol.

Camisetas blancas con rayas rojas de clubes de fútbol español
y uruguayos y su fundación o instalación.
Camiseta del Atlético de Madrid, fundado en 1903.
Camiseta de River Plate de Montevideo, fundado en 1906.
Camiseta de River Plate de Salto, fundado en 1914.
Camiseta del Club Atlético San Carlos en 1919.
Camiseta del Garzón Football Club en 1940.
Camiseta del club Villa Teresa de Montevideo en 1941.
Camiseta del club Atenas de Tala Canelones en 1943.

Hizo lo que pudo, aunque enfrentó grandes derrotas contra los cuadros de San Carlos y Rocha, aunque también logró algunos triunfos que hicieron reconocer y crearon el espíritu de empuje y energía para triunfar frente a las dificultades de la vida y que el deporte enseña a superar. Hablamos de Carlos Sosa, quien luego de un tiempo en el pueblo decidió buscar nuevas oportunidades en otros lugares. En Rocha encontró su casa, su vida y sus triunfos y llegó a ser el más importante comentarista deportivo que tuvo la radio rochense y toda la prensa del este durante muchos años. Durante el Mundial de Fútbol de 1950, en Garzón solo había tres radios: una en la Comisaría y otra en la panadería de Roberto. Era en este último lugar donde la mayoría del pueblo se reunía a escuchar el partido. El triunfo alegró al pueblo como en todo el Uruguay, saliendo a las calles a gritar, aunque muchas veces la radio presentaba algunas lagunas de comunicación.

Práctica del equipo de fútbol en 1945. Washington y Roberto Lazo con su sobrino, quien no pudo vestir esa camiseta en primera división por emigrar joven del pueblo.

36. El carnaval y los bailes

Si se retoma el tema del esplendor de este pueblo entre 1930 y 1950, no se podía dejar de rendir culto en los carnavales a Momo, descendiente del dios Dionisio o Baco en la antigua Grecia. Los carnavales en este pueblo fueron extraordinarios, tanto así, que eran reconocidos como especiales cuando el jefe del Correo, don Isabelino Méndez y el empleado municipal Rosalino Martínez hacían carros artísticos tirados con caballo, cabezudos y figuras en cartón y un tablado improvisado para cantar sobre él.

El papelito, la serpentina y el pomo de perfume inundaban la plaza cuando actuaba el conjunto musical de los hermanos Pepe, quienes organizaban bailes en el club social ubicado frente a la plaza, en los terrenos que eran de don Leopoldo y en el local que antes había sido un galpón depósito de bolsas con harina.

Entretanto, las murgas alegraban la plaza y las caminatas alrededor de esta gracias a jóvenes y veteranos que circulaban con pomos de perfume en sus manos para «atacar» a los amigos o desconocidos. Los domingos, el pueblo recorría la plaza. Allí había ventas de artículos varios y en el día de San Juan, el 24 de junio por la noche, se encendía un enorme fuego donde el pueblo entero traía muebles, cajas y leña, y en donde se cantaba y se bailaba. No existieron murgas ni tablados como tal, sino que era una fiesta en la plaza.

Los carnavales en este pueblo nunca se perdieron o se dejaron de realizar, por supuesto en muchos años con una considerable baja o decadencia, pero ha ido creciendo al reconocerse que el carnaval ha crecido también en todo el Uruguay. No hay departamentos en los que no se festeje este evento. En los últimos tiempos se han festejado en Garzón carnavales con apoyo de las murgas de San Carlos, hoy muy famosas.

37. Club Recreativo y Social Garzón

El Club Social Garzón fue un centro importante para la actividad social, la escuela como centro cultural y la iglesia como centro religioso. El club nació en 1930 a partir de la iniciativa de varios ciudadanos que consideraban para esas fechas que la población debía tener un local adecuado para su recreación y actividades sociales.

De manera informal, la ideal del club se concretó todavía más en 1933. A partir de allí se usó una organización voluntaria incipiente, se mandaron a imprimir volantes y recibos y se dieron algunas experiencias propias y con conocimiento de reglamentos y organización legal de centros como los de San Carlos. En realidad, la fundación se dio como un acuerdo entre amigos deseosos de fundar un club real, pero como no tenían sede ni dinero para empezar, se les ocurrió realizar una rifa de una vaquillona a cincuenta pesos el bono con la lotería de Reyes. Isabelino Méndez firmó el documento impreso.

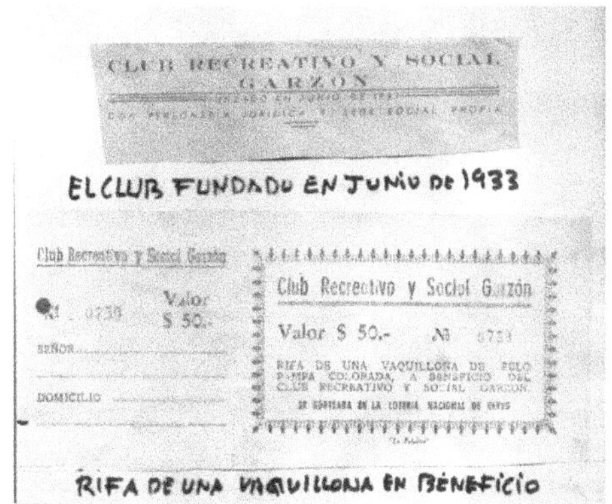

Tampoco existía un local apropiado, pero al consultar con Leopoldo Lazo se llegó a un acuerdo de alquiler del galpón de harina, ya que en esa época había pocas bolsas que podían ser desalojadas al existir un cambio de importación de dicho polvo alimenticio.

El acuerdo resultó satisfactorio, porque dicho salón era suficiente amplio, por lo que resultaba propicio para hacer tablados para orquestas y conferencias, y en los laterales para mesas y sillas. Había suficiente espacio para bailes, de manera que una vez se aceptó la propuesta se procedió a desalojar el local. El contrato del local se dio en 1942, como precio especial de $ 19 por mes, precio que incrementó poco a poco, por lo que ya para 1945 el costo era de $ 45. En el primer pago realizado en 1942 se puede ver que el propio Leopoldo Lazo firmó el recibo y después este fue firmado por empleados de su oficina.

El entusiasmo por las fiestas y los bailes, así como por cualquier reunión social que se contratara obligó a la directiva a contar con músicos en forma individual hasta que se formara la orquesta del propio pueblo de los hermanos González. Se usó el local galpón de harina en préstamo mientras se organizaba la formalidad. Para 1942 se realizaban bailes contratándose músicos de la zona y locales por separado hasta que en 1946 se pudo contar con una orquesta propia. El músico Luis Silva, con su bandoneón, tocó toda la noche el 25 de agosto de 1942 y cobró $ 11, el músico Obelar con su violín cobró esa misma noche la suma de $ 9.

RECIBO PAGO MÚSICO CON BANDOLEON

RECIBO PAGO MÚSICO CON VIOLIN

Recibí de la Comisión del Club Recreativo Social Garzón la cantidad de $ 100.00 por concepto de orquesta durante los días de Carnaval.
Pueblo Garzón Marzo 12 de 1946

B1586295

CONTRATO PARA UNA ORQUESTA CARNAVAL

PAGO A UN GUITARRISTA PARA BAILE.

El primer contacto para una orquesta apareció en 1946 a $ 100 y recibo con timbre. Ya en 1944 estaba funcionando en muy buenas condiciones, contratando a orquestas y músicos como el alquiler del local para cumpleaños, pero había que formalizar más al creciente club. Entonces, contrataron al escribano Diego Costa para realizar las escrituras en el año 1944, quien realizó un excelente trabajo y no cobró por este para donarlo al club, el cual le agradeció por nota.

El local servía para cualquier tipo de reuniones y poco a poco se amobló a medida que se compraba y a través de planificar una acción a largo plazo para conseguir fondos para la construcción de un centro más apropiado.

Los trabajos mejoraron gracias a la condición económica con cuotas de socios o allegados, la colaboración de los ciudadanos más pudientes del pueblo y con rifas y fiestas con ingreso pago. Luego, en 1949 Isabelino Méndez finalizó el escenario para tablado con maderas donadas de la carpintería de don Leopoldo. Por esto solo se pagó al club una cuenta por $ 2 y no se cobró la mano de obra.

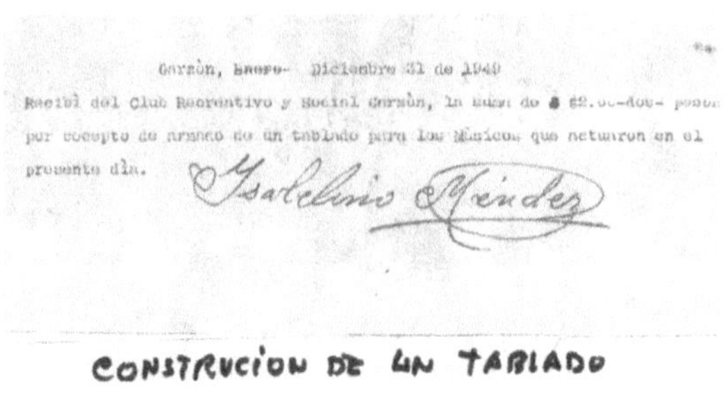

Garzón, Enero- Diciembre 31 de 1949

Recibí del Club Recreativo y Social Garzón, la suma de $ 2.00 -dos- pesos por concepto de armado de un tablado para los Músicos que actuaron en el presente día.

CONSTRUCION DE UN TABLADO

Aunque el local que funcionaba hasta ese entonces había sido un éxito, el entusiasmo para hacer el local propio creció y se comenzó a ahorrar dinero para hacer los planos y para el comienzo de obra. Existe una enorme cantidad de recibos de todo tipo por compras de material de construcción, así como hubo numerosas empresas que le vendieron muchos materiales tanto de San Carlos como de Rocha. Cerca de década de 1950 se podía usar, pero en realidad no fue sino hasta los años sesenta que se inauguró de forma oficial el nuevo local frente a la plaza.

Ya normalizada la situación legal, se procedió con las elecciones para presidente y comisión directiva. Antes de esto ya se habían cumplido ciertos requisitos legales como el de la asociación de autores, el servicio policial y las normas propias por las que debía funcionar el club. El Club recreativo y social de Garzón ha funcionado con éxito hasta el día de hoy con un currículo de grandes fiestas tanto oficiales como en lo que respecta a alquileres para cumpleaños, bodas, exposiciones de arte, etc. A partir de 2020 su presidente pasó a ser Techera, quien con gentileza colaboró en este libro.

38. Seguridad policial

La vieja comisaría, que funcionó muchos años con mucho trabajo para toda la zona fue muy activa y solo era apoyada por otra comisaría instalada en la Ruta 9 cuando se construyó la misma. Ambas comisarías intercambiaban información entre sí.

Los delitos no eran del tipo grave de las ciudades, la mayoría eran robos menores que se reparaban o se denunciaban si no había acuerdo entre las partes, porque muchas veces eran menores de edad los que robaban.

Ruinas de la vieja comisaría.

Lo más complicado eran riñas de motivo político influenciadas por los efectos del alcohol o con motivo de discusiones banales según el carácter del personaje. Quizás lo más tradicional que daba trabajo policial en forma más complicada, eran las tradicionales riñas de gauchos que herencia del pasado mantenían de los primeros habitantes, el concepto de malevo o matreros, que se daban con obreros en campaña.

Un estanciero muy conocido y estimado en el pueblo hacía en su establecimiento yerras, domas, etc. y muchas veces contrataba personas, gauchos andariegos en los pueblos que hacían changas, aceptaban concurrir, pero no se hacía ningún control de sus antecedentes. El estanciero tenía un capataz muy eficiente, pero un poco exagerado en el mando con peones que muchas veces habían tenido altercados.

En una yerra, un gaucho de los contratados hizo una maniobra peligrosa para el animal, quizás por desconocimiento, y el capataz le dio un rebencazo en la espalda. El gaucho reaccionó y sacando su cuchillo mató al capataz allí mismo. Por la intervención policial y del juez hubo que suspender el trabajo para ir a la seccional a declarar.

La Seguridad en nuestros días, no es comparable a la de antes, donde hoy apareció la peste del narcotráfico que ha inundado ciudades que eran tranquilas, tenemos tecnología de apoyo, «tobilleras», cámaras filmadoras, cedulares, y rigurosas leyes para controlar a los varones pasionales e inmorales, delincuentes, que abusan de su esposa o de una mujer o niño pensando que son dueños de la verdad, y las lastiman, las insultas y otras barbaridades, como también las matan.

En aquellas épocas también existían bárbaros, es cierto, o quizás haya sido menos la actividad desde el punto de vista estadístico, o que había muy pocas denuncias por miedo o entrega de mujeres más esclavas que hoy, aunque también hoy pueden aparecer mujeres que asesinaron a sus maridos, como vemos, ha habido mucho cambio en el mundo.

El tema de la delincuencia en 1930 a 1950, la mayoría eran los robos, sobre todo nocturnos. Los delincuentes del pasado no robaban a sus vecinos por respeto y lo hacían en otro barrio de noche para que no fueran vistos.

El robo al ganado, que hoy llamamos abigeato, eran el más frecuente, que podía ser un cerdo o una gallina, tema que quedó en la historia llamar ladrón de gallina a quien roba poca monta.

Debemos aclarar qué en los conflictos políticos de nuestra época pasada, la participación de las comisarías que dependían del gobierno de turno, por supuesto del partido colorado, no eran con policías profesionales, las escuelas policiales aparecen muy tarde, debían informar de movimientos de bandas blancas de Aparicio Saravia, incluso después de la guerra, recordar que Maldonado dependía de este caudillo revolucionario hasta el final de la misma.

El robo de ganado era muy común, pero la policía casi no intervenía porque los propietarios no eran como los de hoy que no pueden hacer nada en su propia defensa, hoy para matar un perro rabioso que mata varias ovejas, si bien en ciertos casos está autorizado a matarlo, casi tiene que pedir permiso para hacerlo, porque las comisiones de ciudadanos de la protección de animales lo denuncian y tienen que justificar el hecho ante el juez y además escuchar una alocución política en la prensa, si todavía no lo multan o lo encierran.

Un estanciero cuyo campo lindaba con la calle principal de la entrada al pueblo, una noche le robaron tres ovejas, al día siguiente salió en su caballo a recorrer campos vecinos y más alejados donde desconfiaba de un colega suyo que tenía malas costumbres según el comentario en el pueblo.

Encontró sus ovejas marcadas como correspondía y armado con una escopeta obliga al presunto ladrón ir a su campo arriando los tres animales, una vez ingresados, cerrada la portera, lo obliga que siga caminando hasta la comisaría donde lo entrega al Comisario y hace la denuncia.

El comisario le pregunta al acusado si él robó, y el asustado ladrón confiesa que sí, a quien lo pasan al calabozo. Contento, el comisario le agradece y felicita al jinete vecino su intervención.

El escribiente de la comisaría escribía con pluma y tinta la denuncia, usando la parte de atrás de los formularios de control de animales, sería por no tener dinero para comprar un cuaderno, o por comodidad del escribiente.

La comisaría vieja estaba situada cerca de la vía del ferrocarril a pocos metros del arroyo, alejado del pueblo para que nadie viera lo que allí se hacía.

Encontramos algunas ilustraciones, que, al cerrar la comisaría vieja por el año de 1960, en el traslado a la comisaría nueva, retiraron los muebles y dejaron en el suelo miles de documentos, denuncias, informes, etc., que fueron cama de animales que dormían en las ruinas de la vieja comisaría.

Tuvimos suerte de recoger ya en 2022 muchos expedientes que se tuvieron que limpiar para poder leer y otros con letra imposible de entender, pero es una prueba sobre el sistema de trabajo policial de la época que podemos mostrar.

Las órdenes y escritos en hojas se ataban con alambre formando cuadernos de gran tamaño correspondiente al mes de actuaciones, salvo la escritura con tinta que es poco legible, se puede afirmar pese al tiempo transcurrido, que los escribientes que era un cargo de oficina eran prolijos y muy completos, parece que eran muy letrados y muy detallistas, el expediente terminaba con la firma del Oficial o superior de la guardia del día.

Sería para escribir un libro más grande que este, para leer e informar en él, acontecimientos de la época, pero solo para satisfacer la curiosidad transcribimos algunos. Hay muchos informes de los jueces de paz solicitando la presencia de personas a declarar, hay informes detallados de compras de material para la comisaría como ropa, uniformes, controles de armas; denuncias por robo de bicicletas, hay muchos pedidos del juez de paz para declaraciones de indagados que debían ser acompañado por policías, autorización para que se rematen caballos sin dueño abandonados en las calles o carreteras que se encontraban en los campos policiales en detención.

Hay una invitación del comisario a los habitantes de la zona de las Sierras para el día 8 de septiembre de 1965 a las 2:00 p. m. para concurrir el jefe de policía del departamento, el inspector de enseñanza primaria, el juez, el comandante del batallón para informar sobre la construcción de la Escuela N.° 50. Y ese día a esa hora además de las autoridades nombradas concurren 30 vecinos que firman un acta con nombre y apellido. Solicitud de la Junta Honoraria de Lucha Antituberculosa para que se organice y difunda los planes y citar personas para exámenes, y registro sanitario.

El departamento de estadística de la jefatura solicitando informe estadístico de accidentes de tránsito en las calles y carreteras. También hay informes de licencias, traslados, bajas, sanciones y enfermedades, etc. En el *Diario Oficial*, tomo 202 N.° 20927 del martes 10 de febrero de 1981 se publica el Decreto del Poder Ejecutivo 37/981 para fijar límites para las seccionales policiales del departamento de Maldonado., Garzón.

> Por el norte: camino departamental sobre los cerrillos desde el nacimiento del arroyo José Ignacio hasta la línea divisoria departamental.
>
> Por el este: la línea divisoria departamental al arroyo Garzón desde su nacimiento en los cerrillos hasta su desembocadura en la laguna Garzón, y por esta hasta la barra occidental donde desagua el océano Atlántico.
>
> Por el sur: el océano Atlántico entre las desembocaduras de las lagunas Garzón y José Ignacio.
>
> Por el oeste: el arroyo José Ignacio en toda su extensión hasta la desembocadura de la laguna del mismo nombre y por esta, hasta su desagüe en el océano Atlántico.

Destacamento Ruta 9 y carretera Leopoldo Lazo.

Comisaría nueva del pueblo Garzón.

Un comentario anecdótico sobre el sistema de interrogación policial a sospechosos delincuentes

Cuentan que, al relevo de una de las primeras autoridades de la comisaría recién creada, quizás un oficial a cargo, por el año 1940, el comisario entrante hizo sacar y mandar al cementerio un esqueleto humano que estaba colgado del techo de la comisaría dentro de una bolsa de arpillera.

El esqueleto, por supuesto desintegrado, pero con el cráneo completo, era de una muerte muy antigua, encontrado en medio de un campo entre los cardos, quizás de algún gaucho de paso o de un indio, no había sistema de

ADN en esa época y el encargado se apiadó de él, lo recogió dándole ese resguardo seguro en el techo, esperando que alguien lo reclamara.

El hecho como comentario asegurando que era cierto, pero desmentido por el oficial retirado de sus funciones, era que, cuando traían un sospecho de delito a la comisaría y se negaba a confesar, cosa corriente, le bajaban el esqueleto y le decían con amabilidad que, de no decir verdad, quedaría como ese difunto al que le presentaban, el sospechoso de delincuente pasaba de inmediato a convertirse en delincuente confeso.

Diversos informes

El departamento de lucha contra el abrojo grande solicitó a la policía que exigiera a los agricultores el combate al abrojo grande, porque esa plaga se estaba extendiendo en los cultivos.

Se le exigió patente de permiso a un parador que se instaló en José Ignacio y la señora del dueño dijo que la tenía el esposo en San Carlos.

En Cerrillos se denunció que una persona que se da su afiliación ofrecía vender una tijera de esquilar por tener otra, pero se sospechaba que era robada, por lo que se investigó.

De acuerdo con lo ordenado, se informó que se hicieron las visitas domiciliarias no encontrándose novedad y agradecimiento de las familias.

El oficial ayudante y un agente (se determinan cargo y nombre) a las 10:30 p. m. se llevó a cabo un registro de portes de armas en los bares de esta localidad a 27 personas sin encontrar novedad. Y así cientos de informes muy variados.

CAPÍTULO IX

39. Anécdotas y recuerdos

Abril de 1945

Una anécdota digna de recordar fue en los días finales del mes de abril de 1945 en horas del mediodía, con un hermoso sol, por la calle principal a una cuadra de la plaza, vivía un italiano de apellido Vianco, que había huido de los soldados de Mussolini, que se estableció en el pueblo con una zapatería que era su especialidad.

Esa mañana salió por sorpresa corriendo por las calles del pueblo con los brazos en alto y gritando con desaforo. Los niños que jugaban en las veredas se preguntaban: ¿se enloqueció el italiano? Sí, estaba loco, era de alegría. La Segunda Guerra Mundial había terminado y se firmaba la paz, el diario *El País* había informado que además lo transmitieron las radios, que Mussolini había caído y el pueblo lo colgó en la plaza. Italia se entregaba y que Hitler se había suicidado.

Personas de bien

Otra anécdota que se comentó, el comisario prohibió a los niños que usaran hondas contra los pájaros, juego muy común en la época. Un día se encontró con un niño que trató de esconderse. El comisario lo llamó y le preguntó: «¿tienes una honda?». El niño le dijo «no tengo, puede revisarme», y el comisario le contestó: «Yo no reviso a las personas de bien, me sirve su palabra». Comentario que el niño repartió a sus camaradas para darles tranquilidad.

Reglas sociales y buenas costumbres

Cuando vivía en Rocha, una tarde don Leopoldo le dijo a su nieto «vamos conmigo a la barbería que tengo que afeitarme». Una vez en dicho local, sentado y cubierto con dedicación por el barbero como se decía en la época, fue afeitado por el barbero mientras su nieto se entretenía con revistas.

Cuando el trabajo se pagó, se retiraron. El abuelo le comentó a su nieto: «A esta barbería no vengo más, ¿no viste que el barbero no me habló ninguna palabra mientas me afeitaba». El nieto entendió el mensaje muchos años después.

Seguridad y prevención

Otra anécdota con don Leopoldo. Él salió con su familia para la ciudad de Rocha temprano en la mañana, saliendo a las 7:00 a. m. en su auto Ford negro cuadrado. Salieron rumbo al este y a mitad de camino ya se divisaban las nuevas vías del ferrocarril recién instaladas. Detuvo el auto y se bajaron los pasajeros. Don Leopoldo se paró en las vías y miró hacia ambos lados. Regresó y les dijo a los viajeros: «Siempre que te encuentres frente a unas vías de tren, nunca pases sin antes mirar si viene un tren». Hay comentarios en el pueblo que una vez anduvo cerca de que lo agarrara un tren, motivo de su preocupación.

Confianza en los vecinos

Una tarde rochense en la que el abuelo Leopoldo invitó a su nieto que tendría siete años, a que lo acompañe como siempre lo hacía, en este caso a un remate de varios objetos en un local al extremo de la ciudad de Rocha, resultó que entre la cantidad de gente y la dedicación del abuelo por ver y comprar mercadería su nieto desapareció.

Al final, se retiró don Leopoldo, ante la desaparición del niño, se buscó por la zona y no se encontró. El rematador le dijo: «Lo salimos a buscar hasta la plaza que se presumía que podía haber ido», y el abuelo tranquilo contestó: «No, déjelo no más, él sabe hablar, alguien lo llevará a mi casa». Se retiró tranquilo y en su casa ya lo había dejado un vecino.

Validez de la palabra

Otra anécdota, un comerciante le encarga un trabajo a don Leopoldo y consulta su costo, parece que era un poco caro y le pregunta si acepta que le pague en dos veces y que si quiere le firma un papel, la respuesta como medio enojado le dice, su palabra me alcanza, la palabra tiene superior validez que un papel.

La noche de San Juan

Una fiesta popular que era muy importante por los años 1945 donde todo el pueblo asistía y colaboraba, era el 23 de junio, el día de San Juan, que se realizaba en una esquina de la plaza pública donde se depositaban enorme cantidad de maderas, cartones, papel, muebles viejos y todo lo que debía arrojarse a la basura, o entraba en desuso, lo que al incendiare formaba unas llamas de tal altura que ameritaba bailar y aplaudir. Idea de antepasados europeos que adoraban al fuego en el solsticio del verano donde el sol renacía para ellos y de invierno para América donde nos alejamos del sol y se convirtió posteriormente en rito venerado por el nacimiento del santo católico San Juan Bautista, al que aplaudían y bailaban alrededor del fuego conmemorando el día 24 junio de su nacimiento.

Lo curioso como hecho histórico, esta fiesta es que en la misma época del año los incas del Perú, antes de llegar los españoles, rendían el homenaje a Inti, el sol, con enorme fiesta popular dirigida por el inca gobernante de su época, lugar donde hoy existe la Iglesia de Santo Domingo.

Banco oficial en el domicilio

Un campesino muy conocido en el pueblo, Vacilio Núñez, muy trabajador y con campo en las sierras donde plantaba maíz, legumbres, limones, naranjas y varios frutos para vender en Rocha, vivía con su señora en su casa muy bien cuidada frente a la plaza, diariamente salía de su casa en un sulki rumbo al campo a trabajar, cerca de 5 kilómetros, volviendo en la tardecita o la noche.

En la época de recoger el maíz se contrataban jóvenes para ayudar y correr a las cotorras que, en bandadas, intentaban saborear los amarillos frutos. Para ese trabajo la misión era llevar tambores o latas que se golpeaban y, recorriendo los plantíos con mucho ruido, las aves se retiraban para que los obreros recogieran con tranquilidad el fruto de la cosecha.

Ese campesino desarrolló una importante empresa agrícola que abasteció muchos años a la población de la zona. Trabajó mucho y vivió con austeridad y sacrificio; nunca le interesaron los lujos o aumentar su poderío material —que bien lo pudo hacer—. Él falleció un día en su casa no muy viejo de edad, mientras que su fiel y sacrificada esposa —también de vida sencilla de acuerdo con la época— falleció al mes siguiente, quizás por disgusto.

No tuvieron hijos y la poca familia que tenían se hizo cargo de todo lo pertinente. Nombraron a un sobrino para atender los bienes y resolver la situación del caso, para lo cual se pusieron en venta muebles y utensilios. Sin embargo, fue quien se llevó la sorpresa del año cuando, al retirar un colchón de la cama, encontró una cantidad considerable de dinero de todas las épocas: algunos ya no vigentes y otro más que sí estaba vigente. Tenía en buen recaudo sus ganancias.

Juegos infantiles

En cualquier pueblo, la infancia se puede considerar como el futuro del desarrollo de sus habitantes, de modo que, los juegos infantiles serían la base del conocimiento intelectual para el desarrollo personal y moral del ser humano. No hay niño que no juegue y si no tiene juguetes los inventa, pues cualquier objeto le sirve de soporte para crear un juego.

Por supuesto, en Garzón los niños poseían juguetes y elementos de entretenimiento como en cualquier ciudad, pero había algo en el ambiente que hacía la vida infantil especial —aunque esto no quiere decir mejor que en otros lugares—.

Por ejemplo, existían las muñecas para las niñas, tanto de trapo —hechas por sus padres— como las compradas en Montevideo que traía el comisionista del tren. Las niñas preferían los juegos en el hogar más que en el exterior, tal y como lo hacían los varones.

Además, no había en el pueblo plazas con juegos para niños como los hay hoy en Garzón y en las ciudades. Tampoco había hamacas para uso popular, sino que existían en algunas casas donde los padres las habían instalado en un árbol.

Es cierto que la pelota de trapo para los varones fue un tesoro especial. Así, fue todo un suceso revolucionario cuando llegó la pelota inflable de cuero, ya que el fútbol siempre fue una aspiración de los jóvenes varones. Por otra parte, los juegos más infantiles o menos violentos eran las escondidas, que deleitaban tanto a varones como a niñas. No obstante, había un juguete usado por los varones que de manera simbólica podría asociarse a la caza de animales en épocas prehistóricas, por lo que a partir de allí se podría reflexionar acerca de la influencia que los hombres primitivos tuvieron y tienen sobre las actuales civilizaciones.

Era difícil encontrar en Garzón algún niño que no usara, escondida en su bolsillo, una honda para cazar pájaros, aunque en el centro de aquel poblado solo había palomas y gorriones. Sin embargo, muchos y varios pájaros de colores como cardenales, savias y verdes cotorras abundaban en los alrededores. La honda era un arma prohibida por consejos de las maestras y control de la policía, pero por eso mismo que era prohibida, abundaban.

Ganados de huesos

Uno de los jóvenes de la época inventó un juego poco visto en el país —por lo menos no hay muchos antecedentes conocidos—. Se trataba de encerrar en un corral con alambre pequeños huesos de vacunos de las articulaciones de las patas de las vacas, similar a los alambrados de los campos.

Se contaban los huesitos cuando se trasladaban a otro lugar donde había otro potrero semejante, simulando arriada de vacas o comercio de ventas tipo feria ganadera. Este juego servía mucho para contar y restar animales para la simulada venta como ejercicio de aritmética a falta del juego de ajedrez.

En realidad, era algo muy novedoso, pues cuando se reunían varios amigos todo se convertía en una feria en donde algunos consideraban que era aburrido y se retiraban, pero a otros les parecía atractivo y entretenido, dando como resultado horas enteras de entretenimiento y diversión.

Había, sin embargo, un juego preferido por varones y niñas, el cual jugaban cuando llovía sin importar muchas veces la negativa de sus padres. Consistía en salir descalzos al agua cubiertos con una bolsa de arpillera o toallas y caminar por las alcantarillas de las calles bajo la lluvia intensa, donde quizás provocaba ilusiones de que se andaba por otros mundos diferentes a los días de sol.

Ahora bien, cuando llegó la bolita y el trompo los niños se dedicaron a conseguir el bochón dorado grande por, sobre todo, y el juego de bolitas fue generalizado: no había un niño que en su bolsillo no tuviera varios de esos vidrios de color redondeados. En cambio, el trompo perdió por completo la partida, pues muy pocos niños lo usaron.

Respecto a la invención de diferentes juegos en Garzón, fue notable la creación de dos hermanas veteranas, solteronas y solitarias que vivían a una cuadra de la plaza donde hoy hay un restaurante. Ellas eran amigas de los niños y siempre estaban dispuestas a colaborar. Además, eran muy buenas vecinas. Ellas inventaron el juego del volante.

Se trataba de un tapón de corcho de botella. En la parte con mayor diámetro le insertaban varias plumas de gallina. Este volaba en el aire al tirarlo y con dos paletas de madera —como las de los que juegan a la paleta vasca en frontón o como las de tenis— se ponía a dos en competencia y al que se le caía al suelo el volante perdía puntos. Así se entretenían los niños que querían competir todas las tardes de verano en una sana competencia semideportiva.

Personas diferentes

El pueblo tenía el honor de contar entre sus habitantes con un indio que todos decían que era charrúa, pero la verdad creemos, por datos de comentarios de personas que lo trataban, que era un descendiente de guaraní de los de misiones jesuitas. Era un gran trabajador especializado en el uso de palas con las que hacía pozos y trabajos en jardines y podas con mucha voluntad y dedicación.

Todos lo apreciaban y lo contrataban para realizar labores de jardinería. Había sido traído al pueblo por don Leopoldo desde los campos de Rocha donde estaba trabajando en una estancia, y se afincó en un rancho abandonado que había en los alrededores dado que su personalidad era esquiva y no muy sociable. Sin embargo, es de destacar que sí fue respetuoso y atento con el que lo trataba. Solitario y ermitaño para la sociedad franca que había en el pueblo, podía haberse integrado de muchas maneras, puesto que no había discriminación, pero él era introvertido.

Cierto era que el importante dinero que se ganaba en las changas era para comer, puesto que sabía cocinar, y lo demás lo gastaba en bebidas de mala caña en los boliches del pueblo, que, si bien no hacían reunión en los mismos, se iba para su rancho a puerta cerrada.

Era sin duda un personaje diferente, como lo era también una familia de sordos, quienes eran también muy bien considerados. El jefe de familia hacía mandados a la estación del ferrocarril y a todo lo que le pedían; repartía cartas del correo y cargaba mercaderías para los negocios cuando llegaban cargas de las ciudades.

Tanto el indio como la familia de los sordos y la partera negra hija de esclavos eran diferentes en la sociedad; no obstante, y sin ninguna duda, eran personalidades importantes en el pueblo y, por esta razón, la sociedad los apreciaba y los trataba de iguales. A todos los aceptaron, excepto al indio Altez, que presentaba un aislamiento voluntario que no entendían los pobladores. Lo cierto es que nunca se supo de donde salió Altez y quién le puso el apellido. El día en que murió, bastante joven, por cierto, fue muy triste para los pobladores. Se puede presumir que su muerte podría ser motivo de alguna enfermedad nunca tratada donde además su organismo recibía diariamente alcohol.

Los siniestros en el pueblo y la sorpresa de niños

Los siniestros en un pueblo de campaña son muy raros, dado que no hay grandes instalaciones ni una excesiva cantidad de obreros en trabajos peligrosos. Sin embargo, sí hubo dos accidentes importantes. El primero y más antiguo fue en la carpintería de don Leopoldo, donde ocurrió un incendio de gran magnitud, el que por fortuna fue resuelto por los empleados. Además, esto no tuvo grandes repercusiones por cuanto sucedió en los interiores de la manzana de construcciones del molino y en los talleres sin participación del pueblo. Las pérdidas más relevantes fueron los materiales y económicas, las cuales se solventaron más adelante.

Fue en 1943 cuando un comerciante tuvo la brillante idea de vender nafta a los pocos autos que había, pero también a vehículos que ingresaban al pueblo por otros negocios. En convenio con la Administración Nacional de Combustibles, Alcohol y Portland (ANCAP) instaló tanques de doscientos litros con canillas y llenos de nafta que vendía al por menor. Sin embargo, en una ocasión hubo un derrame que ocasionó un incendio. Muchas personas concurrieron para colaborar ayudados con baldes con agua para extinguir el fuego y, por fortuna, lo lograron. El hecho es que existía un teléfono a manija con el que se llamaba al girar la manija. Atendía una telefonista que dirigía la llamada a diferentes lugares, y por fortuna la llamada de esa vez fue recibida por los Bomberos de Maldonado, única repartición que había en el departamento.

Los bomberos demoraron casi dos horas en llegar al pueblo. Por supuesto, el fuego ya había sido extinguido, pero el ingreso del camión, la sirena y la bajada del coche de un corpulento hombre con casco de bronce brillante y un físico imponente impresionó a los niños y a otras personas en el lugar. Más adelante, se supo que el jefe de los bomberos se llamaba Francisco Sosa, quien se convertiría en una autoridad en Montevideo. Francisco era el hermano de Eustaquio Sosa, campeón de boxeo uruguayo.

Otra impresión que cabe destacar, sobre todo por los niños, fue cuando llegaron al pueblo tres sacerdotes con motivo del comienzo de la construcción de la capilla. Eran personajes desconocidos que por su negra vestimenta que no se había visto en el pueblo, aunque después varios sacerdotes estuvieron dando misa en la capilla.

Los sacerdotes fueron recibidos por doña Ubaldina en casa de don Leopoldo, en los patios de la misma con una atención en mesa de mediodía donde estaba la familia, obreros como asadores en la parrilla, y autoridades del pueblo en el almuerzo recibiendo a esa importante y distinguida visita. Lo curioso es que varios niños se trepaban en el portón de la casa hoy biblioteca para conocer a esos raros sacerdotes visitantes.

Una lamentable desgracia

Una tarde de verano, cuando ya obscurecía, llegó a la comisaría la noticia de que en la laguna Garzón tres señoras de una familia que habían concurrido a pasar la tarde cayeron al agua. Roberto, el panadero, estaba enterado de cuál era la familia del caso. Se trataba de vecinas de él, por lo que se ofreció para ir con la policía, puesto que era un buen nadador en aguas de arroyo y ríos.

En el lugar se rescató un cuerpo, pero había dos más que, según información recolectada, se intentó el rescate de manera infructuosa. Solo hasta el día siguiente pudieron ser rescatadas para luego ser llevadas al pueblo, donde se manifestó un verdadero dolor porque nunca había sucedido un accidente de esa magnitud.

40. Superstición. Gaulichos, luces malas y visiones extraordinarias

Antes de iniciar este subcapítulo, debemos hacer hincapié en el respeto por las diferentes ideas, sentimientos y diversas visiones de nuestros amigos, enemigos o indiferentes al momento de relatar temas muy difíciles de aclarar o que escapan a nuestro entendimiento. También enfatizamos en que pueden existir diversas opiniones, todas respetables, aunque muchas veces lejos de poder ser comprobadas. Sobre esto, espero que la duda, el análisis y el tiempo mismo aclaren esos temas.

En los ambientes campesinos de nuestros gauchos y de nuestros antepasados que oímos, escuchamos, leímos o nos contaron, principalmente idealizados por escritores o poetas que llevaron a la ciudad dichos y comentarios de la profundidad de los campos y de los bosques, hay que analizar varias respuestas.

La soledad de los campos induce a sus pobladores a pensar y pretender entender a su manera las cosas que ven, y sabemos que aprenden mucho de la naturaleza cuando se observan elementos o situaciones desconocidas por las costumbres rutinarias de la vida; se elaboran razonamientos no confirmados por la ciencia, pero que en realidad provienen de hechos o situaciones vistas o existentes que dan lugar a comentarios diversos al no poder razonar con claridad sobre lo sucedido.

Es sabido que hay algunas personas que, mirando el cielo, las nubes y los vientos, puede predecir la lluvia o el clima, y hay campesinos que sin escuchar los diagnósticos de la radio y mucho más antes de existir la radio podían predecir las lluvias y los vientos que vendrían. Esa habilidad se podría comprender por la experiencia de un labrador o de un agricultor que en ciertas ocasiones o fechas requiere el agua de lluvia en un preciso momento y lo lleva a preocuparse por prever distintas situaciones climáticas. Puede ser una rutina de experimento probado reiterada las veces que lleve al aprendizaje de esa situación.

Es muy común que nuestra gente del campo durante la noche pueda soñar o vivir en realidad hechos extraordinarios. Recordemos que su vivencia es en la misteriosa naturaleza, de modo que algún hecho puede convertir al ser humano en un gran misterio difícil de descifrar.

Así, la naturaleza se presenta grandiosa en el mundo de las estrellas y con una luz misteriosa de la luna que no es propiedad de ella, sino por los reflejos del sol.

Se pueden confundir las luces de las luciérnagas con otras luces parecidas y, por lo tanto, a las desconocidas atribuirles razonamientos no comprobados por la ciencia, pero como esas luces existen y pueden ser vistas, es necesario darles sentido, porque la mente humana no acepta ver cosas sin saber qué son.

Nació entonces una leyenda que se extiende por los comentarios en fogones, galpones y fiestas campesinas, y que se propaga a las ciudades, como por ejemplo algo muy conocido que un paisano nos diga «que cabalgando una noche vi una luz mala». El que lo dice no miente, pues no tiene por qué mentir; hay personas de elevada cultura, muy respetables y conocidos que aseguran que vieron algo anormal o diferente. Lo dicen y comparten sus ideas, de modo que no es nuestro deber acusarlos por la ignorancia del gaucho, que puede estar muy desinformado de la cultura actual, pero no por eso pierde la inteligencia y su experiencia.

Quien escucha debería hacerlo sin juzgar si es verdad o no lo es, porque cada uno de nosotros tenemos nuestras verdades, las cuales cargamos al hombro en nuestra vida y las llevamos con nosotros a la muerte. Muchas personas pueden ver cosas que la mayoría no ven y no hay por qué pensar siempre en lo negativo de que mienten, sobre todo cuando uno no estaba ahí con él. Podré pensarlo y dudar, pero también puede ser cierto, por lo tanto, no debería aceptar una de las dos posiciones sin comprobarlas.

Entonces, queda solo escuchar sus ideas y razonamientos al respecto, y si no estamos de acuerdo por considerarlas inválidas al no ser aceptadas por la ciencia, por ejemplo, deberían quedar solo como un tema que escuché.

«Vi una luz mala en camino a casa», me dicen. No puedo dudar que vio una luz desconocida, una luciérnaga o un brillo de un pulido hueso, pensamos, ahora cuando la califican de mala puedo preguntar si no será buena, admito la duda, pero creo lo que me dice.

Quien ve algo desconocido y su espíritu natural autodefensivo de lo malo previene que algo puede dañarlo, porque su vida es muy complicada, alguna desgraciada por pobreza, por enfermedad, por miedo innato de su formación mental desde la niñez cuando tenía miedo a la obscuridad o porque lo maltrataron, hoy está cansado o tiene alguna enfermedad, etc., podría ser solo una simple explicación para justificar el razonamiento negativo de que la luz es mala.

Si la persona que vio esa luz misteriosa la califica de mala y además le agrega que es de los muertos que hay enterrados por ahí y salen de noche, ya debería un equipo de científicos analizar la situación. No tengo la posibilidad de creerlo ni pido que se crea por estar fuera de los poderes creativos de la inteligencia de los seres humanos.

Esperaremos probar si la luz mala afecta o es indiferente. Hay insectos que son muy lindos, pero que si se acercan me pican. En este caso, si tenía razón y la luz es mala, que cuente lo que sufrió el que fue atacado por la luz, sin embargo, todavía no lo he encontrado para preguntarle.

Como en toda la campaña del Uruguay, en Garzón los dichos son muchos y variados; solo hay que escucharlos para después razonar. Por ejemplo, una señora muy respetable y su familia, sintieron en la noche un ruido desconocido, por lo que salieron al patio y vieron una luz violenta móvil que se desplazaba y que desapareció a gran velocidad.

Un razonamiento puede ser que a la luz móvil la llamen OVNI o platillo volador no identificado. Muchos aseguran que existen, aunque también puede ser un avión. Sin embargo, un hecho actual es que esa familia vio aquella luz sobre los campos y las sierras como únicos descubridores. Otras personas también afirmaron haberla visto a la misma hora, por lo que no puedo dudar.

Sobre este tema nadie denuncia nada, sino que optan por contar la anécdota a sus amigos. No lo comentan a desconocidos porque, primero, las autoridades del gobierno y las autoridades religiosas parten del principio dogmático de que no existen o que no se debe comentar por estar prohibido y asusta a la gente; pueden mentir, ser un enfermo o un chistoso los que dicen que vieron eso. Sin embargo, ellos lo vieron.

41. Los santiguados

Uno de los hechos más comentados en Garzón y que deben ser analizados con seriedad se refiere a un tema muy antiguo que ha sucedido en todos los pueblos, cuyos antecedentes pasados son similares: la confianza en la eficiencia del santiguado.

En Garzón, el santiguado fue imprescindible, duró mucho tiempo y hubo cientos de casos para contar y analizar. Así, varios personajes contaban con mucha clientela para santiguar y no ponían precio, pero se les obsequiaba algo y no exigían nada; sin embargo, el misterio quedaba en la puerta.

El procedimiento del santiguado a niños con molestias o contra las pestes o ataques a los plantíos era una tarea que llevaban a cabo personas que se dicen que tienen un don natural y que se aprenden técnicas con la experiencia.

Nos responden a nuestras preguntas del motivo de su habilidad con respuestas diferentes, por ejemplo, que creen en Dios, quien es quien los ayuda para eso; que nacieron con ese talento natural o adquirido para sanar, curar, o aliviar enfermedades menores; que le enseñó su abuela o que comprobó que puede combatir males en general como en los plantíos para forzar el alejamiento de las plagas nocivas.

Hablando con los especialistas del santiguado, que, por supuesto son empíricos, sin escuela al respecto, pero entre ellos conversan de sus técnicas, porque según nos aclaraban hay diversas formas y situaciones donde se cambian las palabras usadas y los ademanes al aire.

La tendencia en contra de ese sistema está apoyada por el hecho comprobado de que la medicina, desde hace miles de años a partir de Hipócrates, quien empezó con la máxima de que la salud está relacionada con la alimentación, ha evolucionado y hoy es la real solución a muchos problemas de la salud.

Quizás la medicina nació apoyada por el santiguado y otras personas que estudiaban el tema de sanar desde otro punto de vista, el acto se convierte en medicina, se cambia el movimiento en el aire del santiguado con el pálpito del cuerpo humano por el curador, quien será el médico del futuro.

Lo que llamamos ignorancia de las personas en la antigüedad, en los pueblos, donde no había llegado algo actualizado de la civilización, campesinos aislados que vivían muy lejos de las ciudades, y qué si bien existían los servicios de salud, no tenían conocimiento. Por falta de medios o de un acercamiento a esas ciudades por poca locomoción, no podían concurrir. Por tal razón, mucha gente apelaba a soluciones mágicas inexistentes, en este caso a soluciones muy antiguas como el santiguado.

Pero el hecho concreto es que se ha comprobado que muchas de esas personas que realizan o realizaban el santiguado lo han hecho en niños molestos que pronto se han normalizado, incluso sus propias madres daban testimonio de ello, pues conocieron el empacho, el mal de ojo, etc. y una actividad de ese tipo en la campaña de Garzón ha sido muy utilizada también, entre otras cosas.

Por otra parte, para el alejamiento de insectos o plagas que amenazaban los cultivos muchos campesinos, personas de bien e ilustradas, así como estancieros y agricultores menores que viven en la realidad de hoy llamaban a esos santiguadores para proteger sus plantíos. Si no había medicina en el pueblo desde los años 1790 a los años 1935 y si en las ciudades cercanas civilizadas y adelantadas para los años 1900, los médicos profesionales eran pocos y muy ocupados, de ninguna manera vamos a condenar a los santiguadores, famosos únicos que atendían en el pueblo.

Ahora bien, debemos destacar en Garzón al curador o curandero Rufino Batista, un hombre serio, muy conocido y apreciado, que era llamado con frecuencia por muchos habitantes ante la emergencia de la salud. Además de ser un especialista en santiguados, Rufino aplicaba medicamentos naturales, yuyos y otros remedios que hoy en día le llamamos medicina natural, en ocasiones que entendía necesario para el paciente.

No nos asombra a tantos años de este tipo de medicina empírica si en el mismo lugar nacían niños vigorosos y sanos con dos parteras experimentadas, casi al nivel indígena, que nunca se enteraron de medicamentos de un laboratorio químico. Asimismo, Rufino Batista dejó instruido a varios ciudadanos muy jóvenes que se interesaban en la práctica curativa.

Un estanciero importante exportador de ganado contrataba veterinarios o a un técnico conocido, los cuales venían de la ciudad para atender a los animales, esto ya en los años 1940, fecha en la que al mismo tiempo se inauguraba la capilla católica, es decir, en épocas muy antiguas. Pero ante el fracaso con un especial caballo que continuaba enfermo, decidió llamar a un alumno de Rufino, un joven con poca experiencia que con varias señales y con el movimiento de las manos y algunas palabras, cruz cristiana de por medio, realizó el santiguado y se fue.

Pocos días después fue felicitado por el propietario del animal, el cual ya mejorado. Hoy, que no somos creyentes de ese empírico y antiguo sistema de curar, podemos pensar —para contradecir el sistema— que fue en forma retardada el buen efecto de las medicinas del veterinario que dieron resultado para que sanara el caballo, coincidiendo con el santiguado.

Otra persona, cuyos plantíos estaban siendo azolados por la lagarta —un insecto terrible que hace desaparecer los plantíos verdes—, pudo comprobar junto con sus vecinos que en casi veinticuatro horas desaparecieron los miles de insectos después de un santiguado especial para insectos.

Lo que hoy podemos decir con una sonrisa es la suerte que tuvo ese tipo, que coincidió que los insectos huyeran por una causa natural, el viento o la humedad y que al santiguador que actuó en ese momento por casualidad lo ayudó la suerte.

Ninguna de las dos versiones —ni las de los curadores ni la de nosotros los críticos— puede ser comprobada, pues se tratan de hipótesis y, por lo tanto, quien se anime a tirar la primera piedra que lo haga. Que cada uno piense lo que su mente, inteligencia o experiencia le dice. Es cierto que lo vieron; es cierto que se curaron y que los insectos se fueron, sin embargo, la razón de que esto haya sucedido así tendrá que ser explicado por otro.

No mencionamos la enorme cantidad de niños curados en Garzón por el accionar de los santiguados, de estos seres que tienen o poseen algo que nadie ha sabido explicar desde una perspectiva científica. Quizá se trate de asuntos que atañen a la fe y, por lo tanto, quizá no se pueda explicar del todo, ya que justo la fe es lo que no se prueba, sino que solo se cree.

Mientras recorro los campos extensos y solitarios donde solo los silenciosos animales y pájaros conviven, donde los árboles apenas se mueven con la brisa del viento, voy en una noche obscura cansado sobre mi viejo caballo lento, acompañado por las estrellas que me alumbran con debilidad, escuchando los graznidos de las lechuzas y el aviso alerta de los teros, pienso en algo:

«Qué enorme soledad en las noches del campo, y qué pequeño e ignorante soy yo, sobre la luz mala no debe ser tan mala, no tengo noticias de que atacó a alguien, yo puedo ver luces malas o buenas depende hacia dónde voy y como estoy de ánimo, con respecto al santiguado, si confío en mi amigo el santiguador, no estaría tan mal que lo llame, no he comprobado que el santiguado haya hecho mal a alguna persona y se ha comprobado que mejoraron».

Recuerdo entonces lo que me dijo un viejo campesino que terminó siendo mendigo. Me comentaba que algunos decían que después de muerto hay otra vida, y otros decían que después de muerto no hay más nada. «No te preocupes, no hay apuro, yo voy a comprobar quién tiene razón».

42. Los recuerdos de Luis Rodríguez

Luis Rodríguez nació en Garzón en 1938. Creció en el pueblo y asistió a la Escuela N.º 16 Rural de Garzón. Como poseía una extraordinaria memoria para su edad, era imperioso hablar de su infancia con él, pues por su manera de ser y por su amor al pueblo era conveniente aprovecharla, así como su amable atención para recoger el latir de ese pueblo en épocas pasadas.

Para esto recurrimos además a la ayuda de su hijo, también llamado Luis Rodríguez; no obstante, debido al bullicio del Banco de la República del Uruguay —lugar donde trabaja—, no fue posible recordar cosas del pasado, las cuales necesitan paz y tranquilidad. Aun así, me facilitó la entrevista con su padre, quien radica en la ciudad de Maldonado, una zona más tranquila dado que se puede pensar y recordar anécdotas relacionadas entre sí de la época gloriosa del pueblo.

Hablando sobre la Escuela, el señor Rodríguez consideraba que esta era un centro cultural para niños y niñas además de ser el lugar para la enseñanza normal, pues en horas que no eran las de clase se dictaban tareas recreativas y didácticas, entre ellas manualidades, trabajo en telares, cerámica, entre otras. Se inculcó el amor al trabajo, a la patria y a la familia. Luis se formó un club agrario, puesto que la Escuela tenía categoría de granja.

A los que tenían gusto por la historia les prestaban libros para leer, cuyos temas versaban sobre Artigas, Jesualdo Sosa o sobre las novelas históricas de Eduardo Acevedo y los cuentos de Javier de Viana.

Cuando se reunían con algunos de los amigos, ya sea para leer o jugar, cuyo recuerdo se mantiene con Ariel Núñez, Milton Pereira, Helena Feijó, Luis Alberto Martínez, Mary Gramajo, Hugo Pereira, sin duda fueron ratos inolvidables por la amistad sana de niños campesinos, puesto que el campo era lo único cercano que había para mirar. Por esta razón la Escuela pasó a ser el centro social de mucha jerarquía, hasta que al concurrir al liceo en una ciudad —que no fueron todos—, solo algunos pudieron concurrir, se comenzó a descubrir otro mundo.

La esposa de uno de los jefes de la estación del ferrocarril, de apellido Astengo, impartía clases de teatro en la hermosa casa de la familia pegada a la estación del ferrocarril. Después los llevaba al liceo de San Carlos por la mañana y regresaba de noche.

Todos estos recuerdos facilitan hacer la salvedad de nunca existió para concurrir al terminar la escuela un liceo ni escuela industrial ni posible enseñanza granjera o superior a la primaria. Los pocos alumnos que finalizaron la escuela seguían como los de antes, es decir, acudían a San Carlos, al liceo o al UTU, ahora en ómnibus, solo que regresaban al mediodía primero y después en la tarde.

Por suerte, los vecinos del pueblo esperaban las fechas del Carnaval con entusiasmo. Según Luis Rodríguez, era una fiesta verdadera y popular. Muchos colaboraban con Méndez y con Rosalino Martínez, dos artistas de imaginación y gusto para hacer cabezudos, máscaras y disfraces que con la gran cantidad de pomos perfumados que se traían para vender y jugar en la decorada plaza se hacían guerras de simpatía.

Al nombrar a Rosalino Martínez, que era empleado municipal y tenía la función en el pueblo de mantener en funcionamiento los faroles a querosene que alumbraban la plaza, hay que hacerle una dedicación por sus condiciones artísticas, como tantos que tienen un don, un talento natural sobre ciertos temas de la vida y mueren sin explotarlo y que sus dones se conozcan, sin que pocos se enteren, sobre todo en un pueblo en donde antes no había comunicación y que estaba alejado de la civilización. Martínez fue un artista consumado, creador para cualquier invento que se le ocurriera, los cabezudos, las caretas los disfraces. En las épocas modernas de los carnavales montevideanos, hoy sería publicitado y recordado en la prensa. Su hijo ingresó a la intendencia como dibujante y se especializó en dibujo de planos, una herencia de familia.

Por otra parte, al hablar de fútbol con el veterano Luis, quien por cierto es hincha de Nacional de Montevideo, nos refirió las hazañas del Futbol Club Garzón, y como anécdota, cuenta la presencia en este pueblo de Néstor Carballo, el suplente de Obdulio Varela en 1950, ya campeón del mundo, y que fue invitado a un baile por un jugador de fútbol de Garzón llamado Segundo Izcua, del comercio de la ruta 9.

Llegó el invitado a un famoso baile que se realizaba en el Centro Recreativo de Garzón al que nos referimos, antes de estar construido el local actual, se realizaba en el galpón de harina de don Leopoldo, acondicionado para un baile de gran importancia como se hacía en aquella época.

La orquesta del pueblo de los González con guitarra, violín, acordeón y percusión atraía a mucha gente de los alrededores, sobre todo de Rocha y de San Carlos. Además, en muchas ocasiones llegaban visitantes de reconocida fama por alguna especialidad. Al ingresar Néstor Carballo, que había brillado en el combinado uruguayo, en un partido en que su Capitán Obdulio no había sido integrado, Carballo lo había reemplazado y había sido fotografiado en la prensa, lo que fue reconocido de inmediato.

Pero el portero del club, cumpliendo las normas dispuestas, no se le permitía la entrada por no llevar corbata que correspondía con su traje, antes de la insistencia del visitante dando explicaciones de su olvido, se acercó un paisano y le alcanzó una corbata, por lo que se le invitó a ingresar con amabilidad y rodeado de aplausos.

Campeón de ciclismo

Un deportista famoso se radicó en Garzón debido a que su señora esposa fue contratada para trabajar en la Escuela. El ciclista Próspero Barrios había sido campeón y se adaptó al cariñoso reconocimiento y recibimiento de los pobladores.

43. De Roberto Pereyra Feíllo

Para conversar con Roberto es necesario disponer de mucho tiempo, no porque las palabras que desarrolla con tranquilidad sentado en su sillón de descanso sean amenas y de interés para seguir varias horas escuchándolo, sino porque tiene una enorme variedad de comentarios y recuerdos y no se sabe cuál de todos es más interesante.

En mi niñez fui muy feliz, todos los niños de las edades similares que nos agrupábamos éramos muy felices, en la escuela, en los juegos, aunque hubo pasajeras peleas del momento, no es lo mismo que en una ciudad, allí en ese pueblo alejado de las grandes ciudades, éramos pocos, con tanto acercamiento diario que éramos como hermanos.

En las conversaciones personales donde nos contábamos las intimidades, facilitaba las relaciones, porque conocíamos a todas las familias, porque íbamos a todas las casas, las diferencias culturales de las familias, económicas y sociales, nadie percataba esas diferencias, porque nadie se daba cuenta que existían.

Éramos amigos profundos y amábamos a la escuela y sus clases, y nos ayudábamos mutuamente, estábamos muy atentos en las enfermedades y en problemas personales y así fuimos creciendo.

Y al entrar en la juventud no se perdió la amistad, pero los que podían ir a estudiar al liceo, y los que no podían y quedaban en el pueblo ya sea trabajando o esperando una solución, no significó nunca separación, aunque nos golpeó que algún amigo no tuviera esa oportunidad.

Los bailes, el carnaval, las noviecitas, y los deportes fueron transformando los caracteres, como criado en el campo yo corría con zapatillas o descalzo, cuando me llevaron a Montevideo a la pista de atletismo, nunca había visto ni sabía que existían tacos de largada y zapatos con clavos.

Pero también mucha lectura, el apoyo de las maestras fue fundamental, mucha lectura, y me dio por recorrer los campos, el arroyo y analizar las plantas, estudié esos temas, y me dio por escribir, relacionarme en la ciudad y pensar en la vida y en el futuro.

El haber sido nombrado Jefe de la Estación el Ferrocarril que fui muchos años, me hizo aprender y conocer a la humanidad, el trabajo, el control de accidentes, de personas, de pasajeros y de problemas diferentes, me llevó a profundizar la escritura.

Cuando Garzón fue decayendo, sin comunicaciones y sin gente, organizamos entre varios parroquianos, la llamada «La vuelta al pago», un día de fiesta, invitando por la prensa a todos los garzonences que se habían alejado y vivían en diferentes ciudades del Uruguay, el apoyo y la presencia fue notable, cientos de jóvenes y ancianos recorrían con alegría y emoción los viejos lugares de la niñez».

El apoyo de mi señora Brenda, y después de mis hijas Karen y Jeannette Y toda mi familia, me hicieron encaminarme en la defensa de la naturaleza que ya se hablaba de su amenaza, y entendí que el ser humano debía de entender y comprender esa naturaleza y poder poseer una capacidad de supervivencia con ella, que nos da todo. (Roberto Pereyra Feillo, comunicación personal)

«El enanito del arroyo Garzón» es vivir en forma natural, pero también hay que analizar qué somos, para qué estamos en el mundo y si hay un creador debemos conversar con él. Se me ocurrió preguntarle, y me respondió:

El libro *Reportaje a Dios* fue cuidadoso de respetar las religiones y la filosofía clásica, pido que me perdonen si alguien piensa que fui atrevido al pretender hablar con Dios, pero somos libres y somos sus hijos, no encuentro nada malo en razonar y encontrar en el pensamiento en el creer en un ser superior, y tratar de entender las relaciones, es parte de nuestra sabiduría que él nos dio (Roberto Pereyra Feillo, comunicación personal).

Dice Roberto en su prólogo:
Los misterios aún sin revelar los verán con claridad, somos parte de un universo ordenado y con leyes majestuosas e inmutables para el hombre, la sabiduría de Dios-Diosa tiene un propósito en la vida de cada ser, y cada ser debe convertirse en el legítimo amo y dueño de su destino, cada persona debe cumplir su plan, en completa libertad, no somos títeres del destino. (Roberto Pereyra Feillo, comunicación personal)
Leer ese libro, sus pensamientos y su filosofía nos hace pensar. ¡Gracias, Beto!

CAPÍTULO X

44. Decadencia de Garzón

Al no pasar el ferrocarril más por la vieja estación que una vez fue de gala, esta se convirtió en un local cerrado y olvidado, al igual que el molino, las herrerías y las carpinterías y el galpón para las bosas de harina que se usó en los últimos tiempos de club social donde se desarrollaron varios bailes de carnaval y otros, donde debutó la orquesta de Pepe González. Todo ello se convirtió con rapidez en un espacio vacío.

Se fue el servicio del tanque de nafta de ANCAP, los vehículos pasaban a gran velocidad por la Ruta 9 de San Carlos a Rocha, nadie entraba por el camino a Garzón, salvo algún estanciero, los empleados de la comuna, la policía, muy pocos visitantes y algunos de los vecinos que determinaron morir en el lugar puesto que hay cementerio.

Pese a las situaciones perentorias y pasajeras por la marcha de la economía favorable o desfavorable, por los gobiernos no pudientes o indiferentes, las necesidades viven en los campos a los peones, empleados de empresas, trabajadores independientes, pasaron momentos muy tristes.

Los propietarios, que no por tener mucho poder económico no dejan de pasar inquietudes de perderlo todo en los momentos de crisis, la falta de agua en las sequias, demasiado en las inundaciones, falta de seguridad agronómica, si los precios de la producción varían y bajan, pese a los esfuerzos que pudieran realizar.

El traslado de animales vacunos para los frigoríficos que con el tren de carga era fácil cargarlos y descargarlos, se vuelve al tropero a caballo qué por kilómetros de caminos de tierra o campos, arrea los vacunos o los lanares.

Si se contratan camiones de San Carlos o de Rocha, los costos se elevan de forma considerable.

En la campaña, en el interior, como le llaman, viven peones, obreros, campesinos que muchas veces son vistos por la ciudad como seres diferentes, alejados de la civilización, por suerte cada día a se vive mejor que hace cincuenta años, hoy hay una ley de ocho horas para el trabajo en el campo, en aquella época no había, aunque si bien era impracticable, se resolvía mediante acuerdos, hoy sirve para frenar los posibles abusos de algún malintencionado o desconsiderado patrón.

Pero hay algo que no cambia, cuando hay crisis en el país o aislación de los pueblos como en este caso, el peón de campo es el que más siente, el que más sufre.

La vida del campo cuando las cosas andan mal aumenta la tristeza natural de la soledad, se vive solo por la paz y por la transmisión misteriosa que genera la naturaleza cruda, la tierra, el agua, la vegetación, el cielo, que hace eco en los seres humanos para darle fuerza, y para darles una característica personal de una sicología de personalidad sencilla, de una actividad sin apuros salvo en emergencias, de una visión amistosa, que determina una empatía inmediata con el interlocutor, características del campesino uruguayo.

La paz de la noche en los campos

La emigración de los habitantes de Garzón fue notoria: sus hijos no volvían, sino que se los tragaba Montevideo; los viejos fallecían y no se recibía el ingreso de forasteros. Las casas de comercio y los boliches no tenían la posibilidad de soportar la falta de clientes.

Ya avanzado en el tiempo, digamos en épocas a partir de mitad del medio siglo XX, muchos garzonenses que vivían en ciudades del departamento de Maldonado o de Montevideo organizaron lo que se llamó «la vuelta al pago» donde se invitaban a todos los nacidos o que habitaron el pueblo a concurrir a una reunión de confraternidad en determinado día. Se organizaban fiestas gauchas, venta de comidas y reuniones de camaradería. Todo tenía el propósito de confirmar la nostalgia, recordar la infancia y saludar a sus viejos pobladores, firmes habitantes del pasado.

Antes de 1950 el molino de don Leopoldo había dejado de funcionar y muchas máquinas pasaron a un nuevo molino que compraron en el departamento de Rivera, a donde concurrió don Leopoldo para su instalación.

Algo similar ocurrió con las actividades de los garzonenses, como también don Leopoldo decaían de a poco, pero este no se quedó en Garzón para pasar su vejez, sino que compró una casa en Rocha y pasó a vivir en ese lugar por varios años habiendo instalado una herrería en su propia casa donde tenía un gran terreno en la calle José Enrique Rodó N.º 33. Se dedicó a construir juguetes de madera, rejas y todo instrumento de hierro como herramientas con la ayuda de su hijo menor Félix.

El pueblo de Garzón también había dejado de crecer y envejecía. el Gobierno detuvo la marcha de los ferrocarriles y Garzón quedó aislado. Don Leopoldo trató de influir con el Gobierno sin conseguir apoyo para que la ruta 9 que se estaba trazando de Montevideo a Rocha pasara por el pueblo, pero no fue posible. Este fue el segundo golpe mortal para el pueblo.

En 1960 don Leopoldo dejó Rocha y compró una casa en Maldonado. Allí instaló una herrería pequeña para construir herramientas pequeñas que él mismo llevaba a la feria de la ciudad para vender con su compañero permanente, su hijo menor Félix.

Fue en ese lugar de la feria de Maldonado, llevada a cabo en 1972, cuando cayó al suelo y falleció. Tenía noventa y cuatro años. Minutos después de haberse enterado su familia, murió también su hijo menor Félix.

Para la mitad del siglo XX don Leopoldo tenía diez nietos, todos en camino de diversos estudios profesionales, mientras que al final del siglo XX, cuando ya don Leopoldo no estaba, se contaban más de veinte bisnietos. Su sobrino y ahijado, el gran escultor Mario Lazo instaló una plaqueta en la entrada del pueblo Garzón.

La otra línea de los Lazo era la del comisario Alcides Lazo, quien también dejó una larga descendencia: dos mujeres —Delia y Quita—, varones Washington y Wilson empleados estatales oficiales en el Ministerio del Interior con hijos profesionales diseminados en todo el Uruguay. Alcides tuvo gran fama en la Comisaría 7°. Sección y en la zona por su rectitud y dedicación a la seguridad y posterior a la guerra, cuando cuidaba el posible ingreso de enemigos ideológicos hasta el año de 1904 cuando el país entró en paz, entre ellos un medio hermano que se hizo muy famoso como político, comerciante y gobernador de la Isla de Gorriti llamado Aníbal Lazo Batista. Hoy, la ciudad de Pan de Azúcar tiene una calle con su nombre.

Si en el este hay apellidos Lazo, con toda seguridad son descendientes de esos tres impulsadores del pueblo Garzón: don Leopoldo, don Alcides y Aníbal Lazo Batista.

De la época correspondiente a los últimos años del siglo XX y posterior al año 1950, muchas familias emigraban del pueblo, entre ellas la familia Lazo, de manera que las varias ramas que llegaron al este fueron desapareciendo de Garzón, fue sin embargo muy prolífera y muy trabajadora, además, fueron el corazón comercial e industrial de la zona gracias a sus molinos, panaderías, provisiones, alojamientos, bares, seguridad, entre otras creaciones.

Muchos descendientes que nacieron y crecieron en ese pueblo, pero que no se afincaron en él de forma definitiva, en conjunto con la caída del pueblo, por lo que la salida de los Lazo fue simultánea. Otras familias, que hicieron de ese pueblo una comunidad de gran valor —muchos mencionados en este libro—, también emigraron sus hijos a otras ciudades en búsqueda de un mejor porvenir.

Garzón moría poco a poco: el ferrocarril ya no pasaba por su abandonada estación y la Ruta 9, borrando la historia del camino Real, se convirtió en soberana del tránsito hacia el este. Se trazó esta carretera en forma directa desde la capital sin pasar por Garzón para ahorrar tiempo con los rápidos vehículos que le permitían a sus viajantes mayor espacio para las vacaciones. A los habitantes del pueblo les sobraba el tiempo y el reloj estaba atrasado al quedar aislados de la civilización.

En la década de los sesenta y mucho más adelante, en Garzón la preocupación de los intendentes del Gobierno de Maldonado era mantener las cosas lo mejor posible, pero la poca movilización nacional repercutía en el pueblo y en su gente, y además con graves problemas nacionales. Una familia en ese pueblo sin comunicaciones terrestres con el resto de su departamento no podía progresar en lo que entendemos en comunicación y relación con sus alrededores.

Es cierto que muy pocas veces faltó una empresa que con sacrificios destinaba un ómnibus de Garzón a San Carlos hasta que se estableció la empresa Sainglan, que en pocas ocasiones dejó sin viajes necesarios a la pequeña población que requería viajar. Era el único contacto con la civilización. Dos causas físicas que desintegraron una población que estaba creciendo, pero eso no significa que el pueblo desaparezca.

Hay un paréntesis, una espera desde que se detuvo el ferrocarril en 1976. Fue cuando empezó una etapa de silencio, de incertidumbre, así como de familias angustiadas que no tenían comunicación con los familiares —solo por teléfono o acaso con quien tenía un automóvil, que no lo tenían todos—. No había tren: los ómnibus a Rocha no ingresaban a Garzón, así que se volvía al caballo, al sulki, aunque a la carreta no —claro que no—, pero sí a la deserción. La pregunta se repitió: «¿Qué hago en Garzón?; me voy a San Carlos a Rocha, a Montevideo... mis hijos tienen que estudiar o trabajar. ¿Terminaron la escuela muy buena por suerte, pero después?».

Si bien Garzón mantuvo y mantiene a la naturaleza como principal ofrecimiento a los visitantes, también requiere la situación normal de un pueblo que quiere y necesita crecer, por lo que apela a la economía, a la población o la industria y la cultura, y es lo que este antiguo pueblo requiere para renacer —y lo está haciendo—.

45. Los últimos 50 años del siglo XX

El desarrollo político, económico y cultural de Garzón empezó en el siglo XVII de forma muy lenta, humilde y primitiva. Sin embargo, cuando ingresó al siglo XIX, su crecimiento se dio de forma rápida. Ya para la entrada del siglo XX se convirtió en un pueblo comercial, productivo, rico en ingresos y en población. Aun así, los últimos cincuenta años fueron sinónimo de decadencia.

Afirmamos esto, porque no podemos descifrar el misterio social que ocurrió en los últimos períodos de los dos siglos, a saber, en los últimos cincuenta años del siglo XIX la población del Uruguay había sufrido mucho a nivel político y social y, de forma curiosa, también hubo sufrimiento en los últimos cincuenta años del siglo XX.

Al mismo tiempo, la década de los años cincuenta del siglo XX coincidió con la decadencia de Garzón, que si bien no fue causa directa por la situación política y social del país, sí se debió en gran parte —como ya vimos— al aislamiento territorial y social que sufrió el pueblo. No obstante, podemos asegurar que las causas fueron mayores y anteriores y pudieron haber tenido influencia. Por algo la caída de los ferrocarriles y la construcción de la Ruta 9 fueron hechos ocurridos en esa época.

Tal y como mencionamos en capítulos anteriores, los últimos cincuenta años del siglo XIX se caracterizó por la presencia de discusiones políticas violentas, asesinatos a un presidente y a un expresidente debido a guerras, por dictaduras, por revoluciones, y muertes. Aunque al mismo tiempo —y es necesario resaltarlo— se dieron en el país muchos avances históricos como el telégrafo, la justicia profesional, el Código Rural, el registro civil, el alambrado de los campos; el aumento de vacunos y ovinos, además del crecimiento de Montevideo y la inmigración europea, y la enseñanza pública a partir de José Pedro Varela y su hermano.

Como augurio del destino, la situación que se desarrolló en el Uruguay al terminar los últimos cincuenta años del siglo XX fue tan caótica como la segunda mitad del siglo XIX, pero también hubo grandes adelantos. Quizá podemos pensar que la vida de los uruguayos fue muy sorpresiva, desgraciada, injusta y triste a partir de 1960.

Se avecinaba una tormenta tenebrosa que al caer sobre nosotros tratamos de arrinconarnos en nuestros ranchos. Fuimos sorprendidos por la voladura del techo y pensamos en seguida «¿qué hacemos?», cuando esa pregunta debería de haber sido hecha antes, no solo por nosotros los perjudicados, sino también por los distintos gobiernos y su sistema democrático, que también fueron perjudicados.

La población guardaba muchas esperanzas en sus gobiernos, sin embargo, los diferentes presidentes fueron los que menos tiempo tuvieron para gobernar. Surgió una época obscura en la que había una sensación de que los uruguayos no estaban conformes con los sistemas de gobierno existentes, por lo que requerían cambios drásticos.

Cuando un presidente fallece mientras ejerce sus funciones es el vicepresidente quien toma el mando. Al respecto, el primer presidente del medio siglo que no pudo gobernar fue Tomás Berreta, quien recibió el gobierno el 1 de marzo de 1947 y falleció el 1 de agosto del mismo año, es decir, tan solo cinco meses después de haber asumido. El vicepresidente de Berreta era Luis Batlle Berres, quien como Presidente logró mantener y equilibrar el país por su capacidad como político experto de su tiempo con su carisma y experiencia.

El segundo presidente fue Óscar Diego Gestido, quien recibió el gobierno en 1967. No obstante, falleció de forma inesperada el 6 de diciembre del mismo año, por lo que asumió el vicepresidente Pacheco Areco. Pero entre ambos presidentes no hubo ningún otro presidente elegido para tal cargo, puesto que se estaba probando un experimento que se había discutido hacía más de cincuenta años, pero que empezó a regir a partir de 1955. Los colegiados, aprobados por el plebiscito impulsado por Martínez Trueba, que no quiso ser presidente al estar de acuerdo que funcionara el nuevo sistema. Los colegiados funcionaron hasta 1967, es decir, fueron dieciocho años de gobierno colegiado, pero no presidencial.

En 1967, Óscar Gestido, al retornar al presidencialismo, asumió el poder. Sin embargo, como mencionamos, no pudo gobernar debido a su fallecimiento. Desde entonces, su vicepresidente, Pacheco Areco, enfrentó grandes dificultades, que intentó superar aplicando medidas prontas de seguridad.

América había sido influenciada por el triunfo de Fidel Castro con la Revolución Cubana contra el dictador Batista. Este evento, aunque no era nuevo en el mundo, sí lo era en América, influyendo significativamente en el camino hacia el socialismo. En Uruguay, la influencia socialista no era novedosa, ya que Emilio Frugoni había estado predicando en el Parlamento.

A partir de 1968, la guerrilla Tupamara intentó derrocar al gobierno democrático, pero este era débil y desorganizado. Utilizaron asaltos, asesinatos y secuestros en un intento que fracasó, principalmente por la falta de apoyo popular y la intervención efectiva de la Policía antes que, del Ejército, por decisión gubernamental.

En 1971, el 5 de febrero, se creó el partido político o coalición del Frente Amplio, con la titularidad del General retirado Liber Seregni, convirtiéndose en la tercera fuerza política democrática uruguaya. En 1972, Juan Bordaberry asumió la presidencia, y en 1976, el Consejo de Estado nombró a Alberto Demicheli. Durante el gobierno de facto, se nombró al Dr. Aparicio Méndez.

En 1981, el General Gregorio Álvarez ocupó el poder, instaurando una dictadura violenta y nefasta bajo el argumento de combatir a los revolucionarios, a pesar de que estos ya estaban controlados. Esto resultó en innumerables arbitrariedades que afectaron a las familias uruguayas que no compartían la misma perspectiva, con violaciones, tormentos e injusticias que perjudicaron al pueblo y al prestigio internacional del país.

El último presidente ante esta irregularidad de gobierno fue el Ministro de la Suprema Corte de Justicia, Rafael Adiego. En 1980, se convocaron elecciones nacionales por una Constitución militarizada, triunfando el NO gracias a la reacción inteligente del pueblo. Así, retornó la democracia, la cual nunca debió haber perdido.

Sin un conocimiento y repaso de la historia, que alertaba sobre la guerra injusta entre federales y unitarios, y entre colorados y blancos, que habían dejado al país en ruinas, no se tuvo en cuenta. Quien no lee la historia no puede prever el futuro. A partir de la reposición constitucional con Julio María Sanguinetti en 1985 hasta el nuevo siglo en 2000, se estableció la normalidad y la paz.

En cuanto a Garzón, desde 1978 no pasa el ferrocarril por allí, estableciendo un alejamiento con sus vecinos y generando una disminución en el número de habitantes. A pesar de esto, Garzón ha demostrado que ni las guerras, ni las discusiones políticas, ni el aislamiento, ni la falta de habitantes, ni las epidemias, hacen desaparecer al valiente pueblo de Maldonado.

No obstante, Garzón posee un tesoro que atrae a mucha gente. Este tema no está relacionado con la cantidad de población ni con la economía, ya sea rica o pobre. Está vinculado al espíritu del ciudadano que visita y encuentra en Garzón la naturaleza, la paz y las noches de luna, que incitan a pensar que la vida vale mucho y que la naturaleza, con su misterio, nos rodea y nos da fuerza para seguir adelante, pese a los inconvenientes o fracasos.

46. Comienzo del siglo XXI

En el comienzo del siglo XXI, entre aquel que finaliza y el nuevo que comienza con el año 2000, experimentamos un gran impulso en el desarrollo de las comunicaciones. La electrónica se adueña de la ciencia, y el petróleo entra en su apogeo en los nuevos vehículos, los cuales pueden aumentar su velocidad. Además, surgen algunos vehículos eléctricos amenazando con la reducción del uso de petróleo. Aunque la población era estable, comienza a crecer. Todo esto provoca un cambio significativo en una ciudad capital que, al final del siglo XX y en los primeros años del siglo XXI, creció y se hizo grande.

El crecimiento de Montevideo fue notable. Los pocos autos, camiones, ómnibus y motocicletas que transitaban por las angostas calles de un viejo Montevideo, junto con algunos carros tirados por caballos que fueron desapareciendo, se vieron sorpresivamente superados por más de 6000 autos nuevos que se vendían por semestre, aproximadamente 50.000 por año, además de los viejos usados que se reponían y seguían en funcionamiento. Motocicletas y bicicletas aparecían en cualquier rincón con mayor velocidad que antes, cifras sorprendentes en una ciudad con apenas cerca de un millón de habitantes.

Este rápido cambio supuso un gran desafío para la organización educadora del tránsito, especialmente en calles que mantenían su estructura angosta y antigua. Los semáforos aumentaron diez veces más, y los transeúntes apurados esperaban inquietos la luz verde para cruzar la calle, impulsados por la llamada de un ser apreciado, aunque la urgencia de la llamada no siempre coincidiera con su importancia, había aparecido el celular. En esa época, la urgencia estaba grabada dentro de los cerebros como los movimientos subconscientes que realizamos al caminar.

Rodeando la capital, se construyeron rutas perimetrales y carreteras de doble paso hacia el Este. Además, se instalaron en el interior fábricas importantes como UPM y otras prometidas. Solo ser un nuevo siglo no lo convierte en autor o creador de todos los avances y cambios. Los jóvenes que usan celulares o computadoras deben tener en cuenta que lo que hoy existe es gracias a lo que se gestó en el pasado. Los siglos XX y XXI se desarrollan y aumentan su fuerza, mejorando lo anterior, pero el siglo XIX fue donde se pensaron muchas de las ideas que estallaron en el XX. Aunque creemos que realmente se mejora, es gracias a los siglos anteriores donde se estudió, inventó y propuso muchos elementos que se utilizarían después en el actual nuevo siglo de hoy, que está por terminar.

El campo también experimentó mejoras en sus condiciones económicas y de producción. Sustituyeron a los caballos por motos o autos que podían recorrer el campo con mayor rapidez y eficiencia. El arado tirado por animales pasó a la historia al ser reemplazado por tractores y máquinas.

Antiguamente, la mayoría de los habitantes del Uruguay no sabían de la existencia de Garzón. Solo cuando el ferrocarril llegaba y paraba en su coqueta estación, muchos se enteraban de que ese pueblo existía. Sin embargo, las comunicaciones no eran como las de ahora, y quizás los habitantes de Artigas, Rivera o Colonia no sabían mucho de la existencia de Garzón.

Hoy, gracias a las comunicaciones y a la electrónica, cualquier hecho que ocurra en el mundo o en Uruguay puede ser conocido por todos sus habitantes si así lo desean. Las comunicaciones pueden difundirse a través de la prensa oral, escrita o televisada, y los gobiernos y empresas, tanto públicas como privadas, tienen la posibilidad de dar a conocer al mundo sus actividades.

No solo para poder vender mejor, que es lógico y justo si trabajan bien, sino también para darse a conocer y afirmar su existencia. Todos deseamos existir, y al existir, tomamos acción. Si actuamos, podremos evaluar si nuestras acciones han sido acertadas o no. Ojalá siempre actuemos para el bien. Si no valoramos nuestra existencia, ¿para qué estamos?

Es cierto que el pueblo de Garzón ha perdido habitantes, pero la zona ha continuado creciendo. La seccional 7° de Maldonado tiene una extensión muy amplia donde la agricultura, la ganadería, la pesca y, fundamentalmente, el turismo crece, se desarrollan y progresan de manera constante.

Hoy en día, en la zona de Garzón, existen grandes empresas productoras con un desarrollo importante a nivel internacional. Estas empresas son reconocidas mundialmente por sus excelentes productos y generan empleo con personal de la propia zona. Se destaca un aceite de oliva de primera calidad proveniente de sus propias plantaciones, así como un vino que lleva el nombre de Garzón en sus etiquetas para su difusión a nivel mundial. Además, hay comercios, hoteles y lugares de paz y tranquilidad que no solo son apreciados por los turistas, sino también por los habitantes locales que buscan descansar de las fatigas de la ciudad.

Antes de analizar estas empresas o la actividad productiva de la zona, es necesario sumergirse nuevamente en el pueblo de Garzón. Aunque no haya crecido en términos de población, ha experimentado un crecimiento en la calidad de sus actividades. La calidad de las personas que viven allí en la actualidad es igual a la calidad humana de las generaciones anteriores, pero con la disposición y las herramientas de la época actual, que son muy diferentes. Los medios económicos actuales y el desarrollo cultural, así como la vivencia informativa internacional, son muy distintos.

47. Situación de Garzón en el año 2000

Garzón se resistió a morir; vive. Si alguien afirma que ha fallecido, no está muy bien informado. Y, si es verdad que ha experimentado algún declive, hoy podemos afirmar que Garzón renació. Como alguien ya lo señaló, Garzón se transforma; no desaparece. En este nuevo siglo, surge un Garzón diferente. El campo, que siempre predominó, se ha mantenido fuerte y ha resistido las caídas y la soledad.

La producción campesina salvó a Garzón.

Los últimos 50 años del siglo XX fueron decadentes no solo para Garzón, sino para todo Uruguay. Podría haber existido una íntima relación entre la decadencia del país desde 1950 y la decadencia de Garzón. Aunque no podemos afirmarlo con certeza, es curioso y un sociólogo podría arrojar luz sobre lo que ocurrió en ese pueblo que, en algún momento, fue brillante y vivía tranquilamente a orillas de un arroyo limpio que corría hacia el mar.

Se atribuye la decadencia de Garzón al retiro del ferrocarril y la construcción de la Ruta 9, pero hubo otras razones también. Una familia en ese pueblo, sin comunicaciones terrestres con el resto de su propio Departamento y vecinos, no podía progresar. Aunque se intentó mantener ómnibus locales para atenuar el problema, la situación seguía siendo desafiante.

El antiguo camino hacia la civilización, conocido como el camino a Izcua, perteneciente a una familia que tenía un almacén y comercio en el ex Camino del Rey, cerca de la escuela rural de la Cruz Nº 43 y la comisaría, hoy denominado Camino Leopoldo Lazo, era utilizado por jinetes con caballos y algunos intrépidos empresarios que intentaban usar ómnibus. Este camino, de 45 kilómetros de tierra y barro, contaba con dos puentes construidos artesanalmente. Los vecinos lo utilizaban para llegar a sus campos con tropas de animales vacunos y lanares, o para llevarlos a la venta en las ciudades. Carros y carretas salían o entraban del pueblo hacia Montevideo o Rocha, enfrentando diversas dificultades en el proceso.

Solitaria vivienda de un peón rural.

En la década de 1930, con el esfuerzo de la Intendencia, se construyeron los puentes en Garzón, y en los años posteriores se realizaron mejoras continuas. A pesar de estos esfuerzos, cuando llovía, el camino se inundaba y se debía rodear la zona para continuar la marcha. La espera al buen tiempo se convertía en la única solución, ya que el camino era de tierra y las condiciones de barro y agua eran normales durante el invierno.

Los caminos campesinos o vecinales, como el de Garzón, eran un ejemplo repetido en todo el país desde la época de los españoles. Siempre hubo la necesidad de comunicar pueblos, viviendas o estancias con las ciudades cercanas.

Durante los años brillantes del pueblo, desde 1930 hasta aproximadamente 1950, la Intendencia Municipal de Maldonado se preocupaba con sus medios y personal por todos los problemas de Garzón. Un ejemplo de esta preocupación fue cuando el viento azotó al pueblo y movió el techo de la capilla; el Intendente Burgeño envió inmediatamente un grupo de obreros con su capataz para realizar las correspondientes reparaciones.

En esa época, la participación de los pobladores era notable y el concepto de responsabilidad ciudadana era fuerte. Las familias y los propietarios de comercios, viviendas y terrenos, ya fueran propios o ajenos, se dedicaban a mantenerlos en las mejores condiciones posibles de manera honoraria y voluntaria. Incluso ayudaban en el mantenimiento de la plaza pública, cuando en ciertas épocas solo había un funcionario municipal.

Cuando finalizaban los carnavales, la plaza de Garzón quedaba en mal estado, pero al día siguiente, bajo la iniciativa del Jefe de Correos, Méndez, los vecinos organizaban y limpiaban toda la plaza y sus alrededores. Aunque la organización municipal a veces se enfrentaba al desaliento, mantenía la fe y la esperanza lógica de cualquier funcionario público responsable, esperando posibilidades de desarrollo.

La plaza, el único lugar central del pueblo, siempre lucía impecable gracias al buen mantenimiento tanto por parte de la población como de los funcionarios municipales. Aunque haya poca gente y movilidad, la responsabilidad del encargado municipal y la colaboración de la población eran notables, algo que a menudo no se ve tanto en las ciudades.

Otra actividad importante en Garzón eran las ferias ganaderas que se realizaban en la entrada del pueblo hasta el final del siglo. Estas ferias atraían a un gran número de personas, vehículos, carros y caballos, siendo una actividad comercial significativa. A diferencia de las reuniones de la «Vuelta al Pago», que eran más centradas en el recuerdo sentimental de los emigrados, las ferias ganaderas eran eventos comerciales importantes para la compra y venta de ganado.

Garzón, como todo pueblo pequeño y alejado de los centros sociales y comerciales poderosos, cuenta con personajes que vivieron el apogeo del pueblo en su juventud y que ya no están. Aunque no tengamos fotos para recordarlos, algunos de los personajes actuales representan las características de aquellos tiempos. Podemos fotografiarlos hoy como un homenaje a sus esfuerzos de vida pasados, incluso si ya no tienen el grupo familiar que solían tener. Muchos de ellos conocen mucho del pasado, pero recuerdan poco, o quizás prefieren no recordar. Estos personajes, de un valor humano enorme marcado por la humildad, son una parte fundamental de la historia de Garzón.

En la actualidad, hay ancianos de edad avanzada que vivieron ese pasado, jubilados del Municipio que contribuyeron a mantener presentable la plaza, jubilados policiales que colaboraron en mantener la seguridad pública, y familias de bajos recursos que ven en la escuela la esperanza para sus hijos.

En el pasado, hubo personajes característicos cuyas hazañas estaban relacionadas principalmente con el trabajo, como el mudo Juanito, quien corría para llevar un paquete que bajaban del tren, o la negra partera doña Chinta, hija de esclavos, que nunca se hacía esperar al llamado de la parturienta. También estaba el indio Altés, escondido en su rancho después de cavar un pozo a solicitud del campesino amigo.

Hoy, aunque sean diferentes personajes, también son muy humildes y representan la esencia de Garzón. Podemos homenajearlos con fotografías para que los lectores del futuro los recuerden mejor, ya que fueron servidores y trabajadores sociales en un pueblo que vivía una época de gran florecimiento. Un ejemplo de estos personajes actuales es Lautaro Núñez, un campesino carretero que solía acarrear verduras de las chacras vecinas para el pueblo con su carro tirado por caballos. Más adelante, trabajó como peón de camioneros para repartir diversas mercaderías y fue chacarero en las tierras de su padre. Actualmente, es un jubilado rural que prefiere no recordar mucho. Se sienta a descansar en la plaza mientras mira el sol, camina por las calles del pueblo y se detiene a conversar con el almacenero, el placero y cualquier persona que lo salude. Cuando le preguntan qué hace allí, responde: «Tomando aire al sol». Artigas Rodríguez, campesino en su juventud, se considera artista al decorar el frente de su casa con diversos objetos, exhibiendo cosas antiguas y actuales ordenadas cerca de un plantío de acelgas. Recuerda los plantíos de verduras que realizaba hace muchos años y considera un arte lo que hace al decorar el frente de su hogar.

Queremos rendir homenaje a estos personajes contemporáneos, como Artigas Rodríguez, y a tantos obreros y trabajadores, ya sea con sueldo fijo o de changas, que a lo largo de los años han sido fundamentales para la actividad del pueblo. Incluimos también en este reconocimiento al empleado municipal que barre y cuida los jardines de la plaza, un centro representativo de Garzón que ha sido siempre el principal lugar del pueblo y que lo representa ante quienes llegan a él como el espacio central para recibir a los visitantes.

CAPÍTULO XI

48. Los pueblos hermanos, Achar y José Ignacio

La comparación de los movimientos humanos y el desarrollo de diferentes pueblos en distintas zonas de un mismo país permite observar las diferencias en movilidad, crecimiento y evolución, y estas diferencias pueden ser estudiadas para comprender los motivos detrás de ellas.

En Uruguay, el campo ha sido un sostén fundamental, y su desarrollo ha seguido el ritmo determinado por el país. La introducción de la ganadería en Uruguay se remonta a los años 1560, cuando el nativo paraguayo Hernando Arias de Saavedra inició esta actividad. Desde entonces hasta el control más efectivo alrededor de 1900, el desarrollo de la ganadería estuvo marcado por la expansión descontrolada de animales. A partir de ese momento, el crecimiento moderno dependió de técnicas aplicadas, medidas gubernamentales y el desarrollo del puerto de Montevideo para la exportación de carne. Uruguay se ha destacado como un gran exportador de carne vacuna y lanar, y la industria cárnica ha contribuido significativamente a la economía del país. En el Departamento de Maldonado, Garzón es reconocido por su producción ganadera, al igual que Achar en Tacuarembó. Ambos pueblos nacieron el mismo día a la misma hora y han trabajado en labores campesinas, pero muestran diferencias en su crecimiento y desarrollo.

Achar, ubicado lejos del mar, ha prosperado como un representante destacado de la «patria gaucha», con alrededor de tres mil habitantes, comercios, comisaría, escuelas y liceo. Sin embargo, Garzón, también de origen campesino, ha experimentado un crecimiento más lento en comparación con Achar. Se plantean posibles razones para esta diferencia, como la presencia de Punta del Este cerca de Garzón, que podría absorber las necesidades y aspiraciones de sus habitantes, o las distintas oportunidades de obtención de recursos para cada pueblo.

José Ignacio, el otro hermano departamental que se destaca en su desarrollo económico y poblacional, se diferencia por tener el mar a sus pies. Su excelente producción pesquera y su atractivo paisaje natural lo convierten en un destino turístico apreciado por los visitantes.

El crecimiento de José Ignacio es evidente y vertiginoso. La actividad predominante de la 7° sección parece ser absorbida por José Ignacio, superando incluso a Maldonado con Punta del Este y Piriápolis. Mientras tanto, Garzón ha experimentado un enlentecimiento, aunque se sugiere que la 7° sección a la que pertenece Garzón podría levantarse y crecer, convirtiéndose en una ciudad con un desarrollo basado en la ganadería, agricultura, industria y cultura, además de atraer a más habitantes.

La comparación entre Garzón, Achar y Aiguá, pueblos ubicados en el interior profundo del país, muestra diferencias en su crecimiento. Aiguá, por ejemplo, se ha convertido en una ciudad de gran importancia con más de 3000 habitantes y una intensa actividad. Por otro lado, José Ignacio, impulsado por la pesca y el turismo, ha experimentado un desarrollo constante, pasando de ser un pequeño pueblo de pesca artesanal a convertirse en una ciudad turística atractiva.

José Ignacio cuenta con una administración municipal activa, una capilla que despliega una organización clerical influyente, una sala de cultura y exposiciones de arte internacional de alto nivel, una extraordinaria playa que atrae a miles de turistas, buenos comercios, restaurantes y actividades culturales. Su atractivo paisaje y su movimiento turístico en verano lo posicionan como un competidor potencial de Punta del Este, respaldado por sus callejones sinuosos que ofrecen vistas al mar y la belleza natural privilegiada de la zona.

Construcciones modernas.

Galerías de arte.

Municipio de José Ignacio.

Exterior de la capilla de José Ignacio.

La capilla de la Santa Concepción.

José Ignacio mirando al mar.

Las playas de José Ignacio.

Los paseos por la playa.

49. La Juanita, Aiguá y Piriápolis

La Juanita, un balneario en crecimiento, enfrenta los desafíos naturales asociados al desarrollo. Los vecinos expresan críticas sobre la necesidad de mejorar y pavimentar las calles, especialmente afectadas por las lluvias que inundan las alcantarillas. Además, el aumento del tránsito y los problemas de seguridad durante el verano son aspectos para considerar en su expansión.

Este balneario, con un nombre que lleva el de una joven, se proyecta como una futura competencia para su vecina José Ignacio. El crecimiento de ambos lugares es evidente, con construcciones de ciudadanos nacionales y extranjeros que están instalándose. Ante este escenario, se plantea la necesidad de prever soluciones que estructuren la villa y permitan su desarrollo como pueblo, generando preocupaciones para la Alcaldía de Garzón.

El saneamiento y el suministro de agua corriente son siempre desafíos iniciales para los pueblos en formación, y la Alcaldía, a menudo, depende del apoyo económico y la aprobación de instancias superiores. La atención médica y la policlínica son otras áreas de preocupación, y en este sentido, la colaboración de José Ignacio puede ser crucial, ya que Garzón, a pesar de ser la capital de la 7° sección, puede tener limitaciones para brindar apoyo significativo.

Sin embargo, más allá de las necesidades materiales, visitar La Juanita se presenta como una imperiosa necesidad para los seres humanos. En medio de la agitación de las ciudades, llegar a este nuevo balneario permite respirar, vivir, soñar y sumergirse en el aire del mar, disfrutando de un paisaje de ensueño que ofrece un respiro necesario.

Construcciones en La Juanita.

Calle rumbo al mar.

Las calles de La Juanita.

Piriápolis

Piriápolis, nombrada en honor a su fundador Francisco Piria, es una hermosa ciudad turística y balnearia que normalmente alberga a más de 5000 habitantes. En verano, la ciudad experimenta un desbordamiento de turistas que llegan para disfrutar de su playa mansa y participar en la variada actividad comercial. Con un ambiente adecuado para familias con niños, Piriápolis destaca por su seguridad en todos los aspectos, lo que contribuye a una vida apacible y ordenada.

El paisaje de Piriápolis es conmovedor y espectacular, con una combinación única de cerros y el mar que añade un toque especial a la experiencia de quienes visitan la ciudad. La presencia de cerros en la zona agrega un atractivo adicional, proporcionando vistas panorámicas y oportunidades para explorar la naturaleza circundante. Con su encanto natural y ambiente acogedor, Piriápolis se ha consolidado como un destino turístico de renombre en Uruguay.

Piriápolis.

50. La municipalidad y la Alcaldía de Garzón

Es interesante notar cómo las dinámicas políticas y los cambios en la administración afectaron a Garzón a lo largo de los años. Durante la vuelta a la democracia del Uruguay en 1985, el primer intendente democrático de Maldonado fue Benito Ester, quien, pese a ser consciente de la necesidad de reconstruir instituciones, pudo hacer muy poco, debido a que los militares de la dejaron las arcas de la intendencia vacías y, por ello, no podía existir un presupuesto.

Durante esa época, los funcionarios públicos municipales eran quienes atendían todas las funciones locales, siguiendo su entender y atendiendo directivas. Por supuesto, manteniendo una comunicación constante y casi permanente con la Intendencia de Maldonado.

Todo esto hasta el gobierno colorado del presidente de la república, el Dr. Jorge Batlle Berres, ya entrado en este siglo, quien triunfó en las elecciones del año 2000. Enrrique Antía, del Partido Nacional, triunfa en estas elecciones como intendente de Maldonado.

Asimismo, el intendente Antía nombra, casi al final de su período, como encargada de la gestión municipal de Garzón a la funcionaría municipal Margarita Ruiz, quien se dedica con vehemencia y responsabilidad a mantener, superar y dirigir todos los problemas municipales de su pueblo.

Margarita Ruiz, «el corazón de Garzón»

La figura de Margarita Ruiz como «el corazón de Garzón» destaca la importancia de los empleados municipales y su papel en el mantenimiento y gestión de las localidades. Su dedicación y experiencia en el área la convirtieron en un pilar fundamental para la comunidad.

Sus responsabilidades como encargada llegaron en el año 2005, como relevo de Dionicio Techera, un funcionario igual de diligente que Margarita, y fue tal su participación y compromiso con la comunidad que se mantuvo en su cargo a pesar del cambio de gobierno, ni siquiera la llegada del presidente el Dr. Tabare Vazques y el intendente Oscar de los Santos fue relevada. Estuvo hasta el final del período de ambos, retirándose por razones legales, para volver ante el cambio del gobierno departamental.

Hoy día, Margarita es trabajadora rural en su establecimiento en el campo y es la secretaria inamovible; si alguien quiere saber algo de Garzón, debe preguntarle a ella.

Es un signo positivo que, a pesar de los cambios de gobierno, se haya reconocido la importancia de los pueblos del interior y la necesidad de permitirles cierto grado de auto gobernabilidad. Este reconocimiento puede contribuir al desarrollo y la atención de las necesidades específicas de estas comunidades.

Es importante resaltar que la centralización de los manos superiores, absorbiendo las responsabilidades de las dependencias, generaba el crecimiento de los problemas, sin encontrar una solución, lo que dificultaba exponencialmente la resolución de los mismos.

Sin embargo, una pequeña luz llega a los pueblos chicos de la mano del presidente Vazques y el intendente Oscar de los Santos, gobernantes de la nueva coalición, quienes aprueban junto a su equipo una ley que beneficia a todos los pueblos pequeños: la **Ley Nº 18567 de Descentralización Política y de Participación Ciudadana**, aprobada en setiembre de 2009, marcó un hito importante en el proceso de descentralización en Uruguay. Esta legislación buscó fortalecer la participación ciudadana y crear un tercer nivel de gobierno para poblaciones de al menos dos mil habitantes urbanos y suburbanos.

Sintetizando dicha ley, algunos de los puntos destacados incluyen:

1. **Creación de municipios:** la ley permite la creación de autoridades locales denominadas municipios con el propósito de descentralizar el gobierno con este tercer nivel de gobierno, para así dar respuesta a las necesidades específicas de las comunidades locales.
2. **Configuración de municipios:** la Junta Departamental, en coordinación con el Intendente, es responsable de definir la constitución de los municipios. Esta configuración debe reflejar las características y necesidades particulares de cada área.
3. **Participación ciudadana:** uno de los principios fundamentales es fomentar la participación de la ciudadanía en la toma de decisiones locales. Los municipios tendrán la responsabilidad de abordar asuntos propios de su circunscripción territorial.
4. **Elección de autoridades:** el alcalde será elegido de la lista más votada del lema más votado. Además, los municipios contarán con cinco miembros electos, siguiendo el sistema de las juntas departamentales.
5. **Responsabilidades del alcalde:** el alcalde asume diversas responsabilidades, que incluyen supervisar, controlar asuntos disciplinarios, ordenar gastos, aplicar multas y dictar resoluciones. También existirán Concejales con poder de voto para programas y otras decisiones relevantes.

6. **Desarrollo de planes locales:** se espera que los municipios desarrollen planes de interés local, lo que permitirá abordar de manera más efectiva los desafíos y las oportunidades específicas de cada comunidad.

Esta ley refleja un esfuerzo por descentralizar el gobierno y empoderar a las comunidades locales para que participen activamente en la toma de decisiones que afectan directamente sus vidas. La descentralización política y la participación ciudadana son aspectos fundamentales para fortalecer la democracia a nivel local.

Esto significó una nueva actividad administrativa descentralizada más cercana a su pueblo para el mejor gobierno. **Los pueblos como Garzón se beneficiaron**.

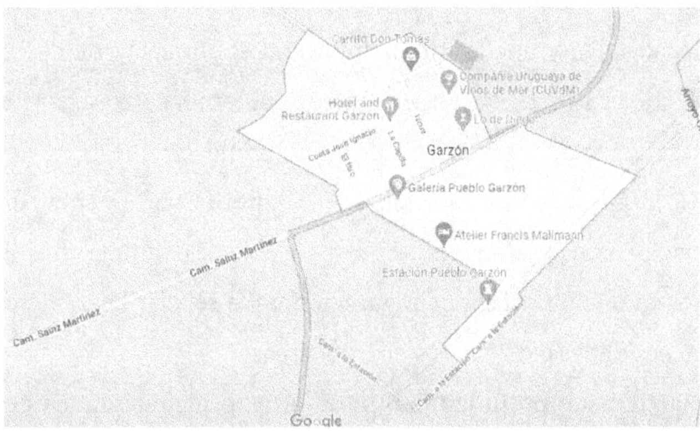

Vista aérea de Garzón (Google Maps).

51. Fernando Suárez, el primer alcalde de Garzón

Es interesante notar cómo la implementación de la Ley de Descentralización Política y Participación Ciudadana en el año 2009 tuvo un impacto significativo en la Sección 7° de Garzón.

La ley se aprobó antes de las elecciones nacionales del año 2010, donde triunfa como presidente de la república José Mujica, por el Frente Amplio, y como intendente de Maldonado es reelecto Oscar de los Santos, del mismo partido.

Fernando Suarez.

Sin embargo, el candidato nacionalista 823 en el Departamento de Maldonado, Rodrigo Blas, no obtiene suficientes votos para el cargo principal. Entonces, decide apoyar al candidato del mismo partido, Enrrique Antía, quien triunfa como intendente. Esto marcó el inicio de un período en el que los habitantes de la zona asumieron un rol más activo en la gestión de sus asuntos locales.

En la 7° sección de Garzón triunfa la lista 823 de Blas, donde se encuentra el candidato a Alcalde de dicha sección, Fernando Suárez, proveniente de la zona y con experiencia en la política partidaria. Su elección y posterior reelección en el año 2015 sugieren que la comunidad confiaba en sus propuestas y en su capacidad para liderar.

Sus padres, Rolando Suarez y María de León vivían en Garzón, donde el señor se desempeñaba como policía de Maldonado.

La integración de concejales titulares como Clever Riera, Dionicio Techera, Martin Pitaluga y Daniel Lalinde, y la participación de la secretaria Margarita Ruiz destacan la importancia de tener un equipo comprometido en la gestión municipal. La colaboración de la población, empoderada por la descentralización política, fue un elemento clave para el éxito del gobierno local.

En su segundo mandato, la secretaria Margarita Ruiz se mantuvo, mientras los concejales titulares fueron Pablo Suarez, María del Valle Silva, Fredy González y María José Rodríguez.

El hecho de que Fernando Suárez fuera reelegido en la siguiente elección Nacional y Departamental sugiere que su gestión fue percibida positivamente por la comunidad. La descentralización permitió que la toma de decisiones se acercara más a la gente, generando un gobierno local más cercano a las necesidades y expectativas de los ciudadanos.

La experiencia en Garzón podría servir como un ejemplo de cómo la descentralización y la participación ciudadana pueden fortalecer la democracia a nivel local, permitiendo que las comunidades influyan directamente en su desarrollo y bienestar.

La decisión de Fernando Suárez de mantener a Margarita Ruiz como secretaria de la Alcaldía muestra un reconocimiento a la eficiencia y competencia de la persona que venía desempeñando esas funciones, al menos, bajo mi lupa. Este paso puede haber contribuido a garantizar una transición suave y la continuidad de la gestión administrativa, especialmente considerando que las actividades municipales eran llevadas a cabo por primera vez en este contexto descentralizado.

La atención a las carreteras y accesos a las zonas circundantes revela una preocupación por la infraestructura básica, un elemento fundamental para el desarrollo de la comunidad. La asfaltación de caminos, particularmente aquellos que conectan con San Carlos y Rocha, indica una visión de modernización y mejora de la conectividad de la localidad.

La reconstrucción de las calles del pueblo y la restauración de la plaza resaltan la importancia de mantener y mejorar los espacios públicos, lo que no solo contribuye al aspecto estético sino que también impacta en la calidad de vida de los habitantes. Estas acciones sugieren un enfoque integral para el desarrollo local, abordando tanto la infraestructura como el entorno urbano.

En resumen, el período inicial de la Alcaldía de Fernando Suárez en Garzón estuvo marcado por la atención a la infraestructura y el compromiso con la continuidad administrativa, elementos clave para sentar las bases de un gobierno local efectivo.

El centro de la plaza. Obra de Mario Lazo.

Descanso en la plaza.

El nuevo equipo administrativo y gubernamental del Municipio Garzón conocían muy bien la zona, y visitaron durante su campaña todos los rincones de la sección, empapándose así de las necesidades de los ciudadanos.

El plan presentado y aprobado para mejorar las calles y carreteras, especialmente las conexiones vitales con la Ruta 9 y las localidades cercanas como San Carlos y Rocha, demuestra una comprensión profunda de las necesidades locales y regionales. El enfoque en la infraestructura vial es crucial para facilitar la movilidad de los habitantes y fomentar el desarrollo económico de la zona.

El asfaltado y la modernización de las carreteras y calles, que eran un problema histórico para Garzón, no solo mejoran la calidad de vida de los residentes, sino que también contribuyen al atractivo del pueblo para los visitantes y potenciales nuevos habitantes. La mejora en las comunicaciones regionales es esencial para la integración de la localidad en el entorno circundante.

La construcción de una nueva carretera desde San Carlos hasta Garzón, con la correspondiente circunvalación que conecta directamente con Garzón desde la Ruta 9, misma que terminó en el año 2017, representa un avance significativo en la conectividad y facilita el acceso al pueblo. Este tipo de proyectos de infraestructura contribuye al desarrollo económico y social de la comunidad.

La transformación de las calles de los alrededores del pueblo, con su renovación y asfaltado, no solo mejora la apariencia estética, sino que también impacta positivamente en la calidad de vida de los residentes. Además, el enfoque del gobierno en establecer relaciones positivas y respetuosas con la población local refleja una visión integral y participativa para el desarrollo de Garzón.

Amplias calles con balastro.

El arroyo Garzón bajo el puente del ferrocarril.

La combinación de mejoras en la infraestructura y un enfoque colaborativo en la toma de decisiones parece haber generado un ambiente propicio para el progreso y el bienestar de Garzón, marcando un inicio prometedor en la realización de los sueños de la comunidad.

La creación de la Casa de la Cultura en la antigua casona de más de media cuadra que pertenecía a Leopoldo Lazo y su familia, ubicada en la misma manzana del Molino, representa un paso importante en el desarrollo cultural de Garzón.

El Centro Comunal, la biblioteca y el museo, al instalarse en la casa de Don Leopoldo Lazo, han contribuido a revitalizar y conservar la historia y la identidad de Garzón. La reconstrucción cuidadosa de la casona, conservando las instalaciones primitivas como paredes y pisos de la época, añade un toque auténtico y enriquecedor a estas instituciones culturales.

Este tipo de proyectos culturales no solo proporciona un espacio para el disfrute y aprendizaje de los habitantes locales, sino que también puede atraer a visitantes interesados en explorar la riqueza histórica y cultural de Garzón. La combinación de preservación del patrimonio y uso activo del espacio para actividades culturales puede tener un impacto positivo en la cohesión comunitaria y en el fortalecimiento del sentido de pertenencia a la localidad.

En resumen, la iniciativa de crear la Casa de la Cultura y aprovechar la casona de Leopoldo Lazo para albergar actividades culturales es un paso significativo hacia el enriquecimiento y la preservación del patrimonio cultural de Garzón.

Proyectos de la Alcaldía de Martín Ferrario

Omero Rodríguez Peña, quien fue un policía de la seccional 7° de Garzón, tenía lazos familiares con Perla Fernández de Rodríguez, y su hijo, Ruben Ferrario, fue el padre de Martín Ferrario, este último se destacó en el ámbito cultural y fue nombrado en el año 2007 por el intendente Antía para llevar a cabo la reorganización de la situación cultural en el pueblo de Garzón, su lugar de nacimiento.

La contribución de Martín Ferrario a la cultura local es un testimonio de la importancia que las personas comprometidas con su comunidad pueden tener en el desarrollo y enriquecimiento de la vida cultural de un lugar. Su labor en la Comisión de Cultura probablemente tuvo un impacto significativo en la promoción de actividades culturales, eventos y proyectos que beneficiaron a los habitantes de Garzón.

Es común que personas con un fuerte vínculo con su lugar de origen y una pasión por la cultura desempeñen un papel crucial en la revitalización y promoción de las actividades culturales locales. Este tipo de iniciativas no solo fortalecen el tejido cultural de la comunidad, sino que también pueden tener un impacto positivo en la cohesión social y en el sentido de identidad de los residentes. La historia de Martín Ferrario y su participación en la Comisión de Cultura destaca la importancia de fomentar y apoyar el talento local y el compromiso cívico para el beneficio de la comunidad.

Pasando el arroyo. Departamento de Rocha

52. El segundo alcalde, Nazareno Lazo

En las elecciones nacionales del 2020, Nazareno Lazo logra el triunfo para la 7° sección, representando al partido Nacional. Como concejales titulares por el mismo partido son electos Orerte Larrosa, Javier Falco, María del Valle Silvera y Diego Machado. Margarita Ruiz ocupa el cargo de secretaria en ese período.

La actividad de Margarita Ruiz como secretaría resulta satisfactoria tanto para el alcalde como para el pueblo, por lo que solicita su confirmación para continuar a su orden (y a orden del pueblo garzón) en las futuras actividades a desarrollar. Recordemos que los concejales titulares y la secretaria desempeñan roles clave en la gestión y toma de decisiones a nivel local, colaborando en el desarrollo y bienestar de la comunidad. La participación en estos cargos implica la responsabilidad de abordar diversos asuntos que afectan a la población y contribuir al progreso y fortalecimiento de la zona.

Alcalde Nazareno Lazo.

Lazo, un apellido conocido en la zona, es oriundo de Pan de Azúcar, pero radicado en Garzón. Se había presentado en la misma lista de Suarez, con el candidato para intendente Rodrigo Blas, del Partido Nacional, y resultó el ganador.

Si bien el pueblo garzón tiene muchas necesidades, la sección 7° es muy grande y existen zonas con otro tipo de necesidad que requiere la misma atención. Por ejemplo, hay un pueblo llamado José Ignacio, el cual posee ventajas naturales superiores y que, por tanto, en cuanto a turismo se más popular; por ende, llevará más tiempo resolver las necesidades de José Ignacio que de Garzón.

La alcaldía de Lazo, pese a la experiencia en funcionamiento, demostró que, a medida que la democracia y el crecimiento de las ciudades y pueblos avanza, los problemas generales aumentan. Si bien la experiencia de las comisiones los vuelve más exigentes, siempre se priorizan los intereses de los pueblos y las villas en desarrollo, el alcalde Lazo muestra su fe en el futuro y trabaja duro para no solo cumplir su mandato, sino para solucionar las dificultades de cada zona y dejar planes enriquecedores a futuro.

Las localidades se encargan de hacer llegar sus solicitudes para resolver los problemas ya existentes, no escuchados antes, y que ahora se plantean porque existe alguien a quien dirigirse, alguien que trabaja por ti. Todas las peticiones son bien intencionadas, necesarias para el crecimiento y desarrollo de los pueblos. A pesar de ello, el factor tiempo y medios para implementarse pueden jugar en contra.

Los concejales y las juntas toman conciencia de ello y trabajan en base a las necesidades expuestas. Escuchan, entienden, pero a veces no tienen los medios o condiciones para resolver, no por falta de interés, sino de, como ya se mencionó, falta de tiempo o de medios.

Desde el comienzo la Alcaldía ha solicitado aumento de personal para poder realizar todos los trabajos que son responsabilidad de la institución. Se han solicitado juegos para niños, para instalar en las plazas; se han solicitado más contenedores de basura para la limpieza, tratando así los problemas de desperdicios y vertederos; se han buscado trabajar ruidos molestos, arreglar calles; incluso, se ha pedido colaboración para realizar cursos para jóvenes enfocados al trabajo, etc. Todos los planes de esta alcaldía buscan dejar una semilla que siga creciendo para lograr, a futuro, solventar todos los problemas de la comunidad.

En marzo del 2022, se instaló un cartel de ingreso a la carretera de la Ruta 9 con un homenaje, más que merecido y oportuno, de designarlo Don Leopoldo Lazo, quien había fallecido en el año 1972, es decir, 50 años después de su desaparición física de este mundo. Tal vez tarde, pero justo: en estos caso, no importa el tiempo cuando los hechos son de justicia.

Si bien el alcalde vive en el pueblo de Garzón, recolectó las peticiones de todos los pueblos de la sección, aprendiendo de ella y sus necesidades, y conocía muy bien lo que el pueblo quería, necesitaba y solicitaba. Uno de esos proyectos era la Casa de la Cultura.

La construcción de la Casa de la Cultura es una iniciativa clave para fomentar el desarrollo cultural y comunitario en Garzón. Este espacio se convierte en un centro neurálgico donde se pueden llevar a cabo diversas actividades y eventos relacionados con la cultura, el arte, y el desarrollo comunitario. Además, se ha resaltado la importancia de reconocer y homenajear a figuras destacadas del pasado, como Don Leopoldo Lazo, a través de la instalación de un cartel en su memoria. El papel del alcalde Nazareno Lazo y su equipo es esencial para gestionar y abordar las diversas necesidades y proyectos en la comunidad. La solicitud de aumentar el personal y otras necesidades específicas refleja el deseo de mejorar la calidad de vida y el entorno en Garzón.

Las expectativas y desafíos de una alcaldía son siempre considerables, especialmente en comunidades donde las necesidades pueden variar y ser numerosas. La colaboración entre la comunidad, los concejales y el gobierno local es fundamental para lograr avances significativos. La Casa de la Cultura y otros proyectos pueden contribuir a fortalecer el tejido social y cultural de Garzón, brindando oportunidades para el crecimiento y la participación de la comunidad.

La Casa de la Cultura en Garzón, liderada por el Alcalde y con el respaldo de la secretaría de Margarita Ruiz, se está consolidando como un espacio educativo y cultural fundamental para la comunidad. El enfoque en actividades como clases de computación, enseñanza de idiomas, especialmente inglés y francés, y clases de gastronomía, demuestra un compromiso con el desarrollo integral de los jóvenes del pueblo.

Es alentador ver que se están ofreciendo oportunidades educativas que antes podrían haber requerido desplazamientos a otras localidades. La participación de profesores de San Carlos, con interés y dedicación, contribuye al éxito de estas iniciativas educativas. Además, la posibilidad de brindar estas clases directamente en Garzón facilita el acceso a la educación para los jóvenes locales.

A medida que estas actividades continúan y se desarrollan con el tiempo, es probable que la Casa de la Cultura se convierta en un centro aún más relevante para la comunidad, contribuyendo al crecimiento y la formación de niños y jóvenes en Garzón. La educación y la cultura son elementos fundamentales para el progreso sostenible de cualquier comunidad, y esta iniciativa parece estar avanzando en la dirección correcta.

CAPÍTULO XII

53. La actividad artística actual en Garzón

El arte es, en esencia, una expresión humana que busca transmitir emociones, ideas o experiencias a través de distintos medios. Se manifiesta de diversas formas, como la pintura, la escultura, la música, la literatura, la danza, entre otras disciplinas. Todos los seres humanos tienen la capacidad de ser artistas en algún aspecto de sus vidas, ya que la creatividad y la expresión son inherentes a la naturaleza humana.

La historia de Garzón ha estado marcada por diversos artistas, desde pintores y escultores hasta escritores y poetas. Elvira Celsa, Mario Lazo, Isabelino Méndez, Rosalino Martínez, Ana María Viroga y Roberto Pereyra son algunos de los nombres que han contribuido al mundo artístico en distintas épocas y disciplinas. Cada uno ha dejado su huella, demostrando que el arte puede florecer en cualquier rincón, independientemente de los recursos económicos o técnicos disponibles.

Reconocer y recordar la riqueza artística de un lugar como Garzón es fundamental para comprender su identidad y evolución a lo largo del tiempo. Además, subraya la importancia de fomentar y apoyar las expresiones artísticas locales, ya que estas desempeñan un papel crucial en la construcción de la cultura y la comunidad.

Las reflexiones sobre el arte de Pedro Figari resaltan la subjetividad de la belleza y cómo esta se encuentra en la interpretación individual de cada persona. Figari destaca que la apreciación de la belleza no solo depende de la realidad objetiva de la escena, sino también de la capacidad emocional y perceptiva de cada individuo. La naturaleza, los atardeceres, la pintura o la música pueden conmover a unos y no a otros, y esto se debe a la diversidad de experiencias y sensibilidades humanas.

El arte, en todas sus formas, tiene el poder de despertar emociones, hacernos reflexionar, inspirarnos y conectar con nuestra propia humanidad. Figari también señala que, aunque algunos puedan apreciar y disfrutar de expresiones artísticas consideradas bellas, otros artistas pueden buscar expresar lo feo o lo menos convencional, lo cual también tiene su lugar en el mundo del arte, ofreciendo una visión alternativa de la realidad. En última instancia, el arte no solo busca la belleza estética, sino que también puede ser una herramienta poderosa para explorar, cuestionar y expresar diversas dimensiones de la experiencia humana.

Las reflexiones de Pedro Figari destacan la subjetividad en la apreciación del arte y la belleza. Figari señala que la emoción y la conexión con una obra de arte no dependen solo de la escena o la creación en sí, sino de la capacidad individual de sentir y apreciar. Al comparar la belleza de un atardecer con la respuesta de las personas a una obra de arte, Figari resalta que la belleza está en la percepción y la interpretación personal.

El papel del artista se vuelve crucial en este contexto. Un artista, al buscar expresar lo bello o lo feo, tiene la responsabilidad de comprender su audiencia y cómo su obra puede resonar con diferentes personas. El arte, ya sea a través de la pintura, la música u otras formas creativas, se convierte así en una herramienta para estimular emociones, provocar pensamientos y mantener a las personas comprometidas con la vida.

La llegada del arte a Garzón, como mencionamos, es motivo de asombro y agrado. Esto resalta la importancia de la cultura y la expresión artística en la comunidad, contribuyendo al enriquecimiento de la vida cotidiana y proporcionando a los residentes una variedad de experiencias estéticas y emocionales.

54. Fundación de Pablo Atchugarry

La Fundación Pablo Atchugarry, ubicada en el kilómetro 4,5 de la ruta 104, cerca de Garzón, es un destacado espacio dedicado al arte contemporáneo en Uruguay. Fundada por el escultor Pablo Atchugarry, este complejo representa una fusión única entre el arte y la naturaleza. La fundación también cuenta con talleres y galerías que ofrecen a los visitantes la oportunidad de sumergirse en el mundo del arte, además de exhibir obras contemporáneas.

La obra de Pablo Atchugarry no solo se limita al espacio de la fundación, como mencionas, sino que se extiende a otras áreas, como la carretera a Garzón. La instalación de una obra en un lugar tan significativo puede interpretarse como un homenaje a la localidad. Estas intervenciones artísticas en entornos naturales y rurales destacan la conexión entre el arte y el paisaje, ofreciendo a quienes transitan por esa vía una experiencia estética inesperada y enriquecedora.

La presencia de la Fundación Pablo Atchugarry y la obra del artista en la región no solo contribuyen al desarrollo cultural de Garzón y sus alrededores, sino que también consolidan la posición de Uruguay en el ámbito artístico contemporáneo. Es un ejemplo de cómo el arte puede integrarse armoniosamente con la naturaleza y enriquecer la experiencia de quienes lo aprecian.

Esculturas de Pablo Atchugarry en el camino de Leopoldo Lazo.

Una obra en el Complejo Pablo Atchugarry.

Pablo Atchugarry.

La carrera y obra de Pablo Atchugarry son, sin duda, impresionantes. Su trayectoria desde una edad temprana, sus estudios y trabajos en Europa, especialmente en Italia, su dominio de diversos materiales como el mármol de Carrara y su impacto en la escena artística internacional son testimonio de su dedicación y talento excepcionales.

La creación de la Fundación Pablo Atchugarry en 2007 es un hito significativo, no solo para él como artista, sino también para la comunidad y la cultura en Uruguay. La fundación, ubicada en Maldonado, representa una mezcla única de arte, naturaleza y cultura, albergando no solo las obras de Atchugarry sino también las de otros artistas destacados. Su enfoque en la escultura y el arte contemporáneo ha contribuido al atractivo cultural de la región y ha consolidado su posición como un destino turístico culturalmente enriquecedor.

La creación de empleo y el impacto económico positivo en la región son beneficios adicionales que destacan la importancia de la presencia de la fundación. Además, la fusión del arte y la naturaleza en este parque internacional de esculturas ofrece a los visitantes una experiencia única, donde pueden apreciar la belleza del arte contemporáneo en armonía con el entorno natural.

La contribución de Pablo Atchugarry a la cultura, el turismo y la economía en la región de Maldonado es un ejemplo inspirador de cómo el arte puede tener un impacto duradero en la sociedad y enriquecer la vida de las personas.

55. Galería Piero Atchugarry

El hijo de Pablo llamado Piero, un joven activo en el mundo del arte, no es artista, por lo menos con el equivocado concepto que hoy tenemos, pero es cazador de artistas y de sus obras, algo debe conocer.

Ha desarrollado la habilidad quizás innata en él o, quizá, aprendida en la actividad inspirado en la obra de su padre, recorre viajando por el mundo para encontrar obras de arte genuino, tarea para la que se debe tener un ojo entrenado para reconocer la complejidad de las técnicas y sentir la sensibilidad que le hace palpitar el corazón.

Lo hace frente al artista interpretando la expresión y el mensaje creador que implanta en el soporte que ha elegido, pintores plásticos norteamericanos, brasileros o argentinos, con discusión, negados o apreciados, lo que determina un resultado con alta calidad.

No dejamos de asombrarnos que algunas de esas obras seleccionada por Piero, puedan presentarse en este pueblo olvidado de Garzón.

La creación de una galería permanente en Garzón es un evento significativo para la comunidad. Aunque el pueblo puede considerarse pequeño o menos conocido, la presencia de una galería de alta calidad contribuye a enriquecer la vida cultural local y ofrece a los residentes y visitantes la oportunidad de experimentar el arte en un entorno único.

La calidad y el diseño del establecimiento sugieren un compromiso con los estándares artísticos, lo que puede contribuir a elevar la apreciación del arte en la región. Aunque pueda haber desafíos iniciales para atraer visitantes, la permanencia y dedicación a la galería pueden generar interés y participación a lo largo del tiempo.

Es alentador ver cómo el arte, en sus diversas formas, sigue siendo una fuente de inspiración y enriquecimiento en comunidades que, a veces, pueden considerarse más pequeñas o menos destacadas en términos urbanos. La presencia de una galería y la exposición de obras seleccionadas son contribuciones valiosas para el desarrollo cultural de Garzón y su entorno.

Entre libros de arte que tenía en el momento de nuestra visita, encontramos la publicación ilustrada de Garzón por la Intendencia Departamental de Maldonado y la Fundación Pablo Atchugarry, que amablemente nos obsequió, donde hay buenas fotografías del pueblo y comentarios históricos por Martín Ferrario quien había colaborado con nosotros en esta publicación.

Libro de la Intendencia de Maldonado sobre Garzón
y Fundación Pablo Atchugarry.

Una simpática atención a los visitantes por parte de la Directora Katia Gondo, quien posee un conocimiento profundo de su tarea, facilita la experiencia de aquellos que ingresan a la galería. Esto les permite disfrutar al ver esas obras.

Por lo general, no se centra tanto en discutir las técnicas utilizadas, dejando ese aspecto para los entendidos. Más bien, se enfoca en permitir que los visitantes experimenten el impacto que el arte del creador logra provocar en la mente del observador, ya sea alegría, satisfacción, asombro o indiferencia.

Al retirarse, los visitantes llevan consigo algo que no esperaban: la reflexión y el agradecimiento por la visita realizada, aunque quizás no sepan exactamente por qué.

La galería de Piero Atchugarry.

56. La galería de Mauro Arviza

El escultor Mauro Arviza

Esta galería, ubicada en la avenida de ingreso al pueblo, está muy bien presentada. Permite al viajero que se acerca divisar primero sus coloridas obras al frente del salón de exposición. Si decide visitar el local, se encontrará con piezas de arte notables. Muchos entusiastas del arte, que desean mejorar y alegrar su vivienda, comercio, o simplemente su lugar de esparcimiento o trabajo, encontrarán muy favorable adquirir alguna de sus obras. Esto les permitirá mantener cerca una atmósfera generada por los objetos con sus formas y armonía de colores vivos, que sin duda ayudan a valorar nuestra propia vida cotidiana y a detener el tiempo fuera de la rutina al observar algunas de estas obras.

Las piezas exhibidas son de diversos volúmenes, desde pequeñas para colocar en el escritorio o el salón de descanso, hasta grandes para plazas y espacios que deseen decorar para añadir un toque de alegría o un sentimiento de paz a transeúntes o visitantes, destacando así esos espacios. Mauro Arviza proviene de los tranquilos, al menos antes, pagos de Paso de los Toros, de uno de los departamentos que ha generado muchos valores humanos en el arte, tanto plástico como musical, influenciados por sus campos, su río y su cielo. Quizás la señora Heidi tenga razón cuando expresa que el ambiente natural que rodea Garzón es propicio para la creación humana en cualquier terreno. Tal vez podríamos igualar la fuerza creativa de Tacuarembó.

Muestra en el local de Arviza.

Escultura para patios Arviza.

57. Varias galerías instaladas en Garzón

Desde el punto de vista constructivo, es destacable que en el pueblo de Garzón existan varias galerías de arte. Muchas personas se sorprenden ante este acontecimiento novedoso que ha generado un movimiento peculiar. En tiempos casi simultáneos, se han construido varias galerías de una calidad que no sorprendería a nadie si estuvieran en Montevideo, Punta del Este o París.

Al mencionar estas galerías para informar a los curiosos de las grandes ciudades, algunos se asombran de que, en un pueblo de cerca de 100 habitantes, donde algunos trabajan como policías, otros en la Alcaldía y en la salud (siendo los activos del pueblo), y después jubilados, campesinos, obreros de algún jardín o cuidador de viviendas, con muy pocos jóvenes, aunque muchos niños.

Quizás con estos niños se pueda vislumbrar en el futuro otro Garzón, pero lo que se observa hoy es que terminan la escuela y se marchan a estudiar o trabajar a otro lugar sin regresar a vivir en su pueblo natal, ya que no tienen ninguna posibilidad de progresar, al igual que sucedía antes.

Asombra que más de cinco galerías de arte se hayan instalado en Garzón, y parece tener poca explicación razonable. Se piensa que una industria, una universidad del trabajo, la enseñanza de trabajo agrario o una fábrica podrían levantar al pueblo a sus antecedentes, pero galerías de arte, en tiempos que no vivimos en épocas románticas, se entiende que están muy bien para visitantes y personas del rubro. Podrían mover algo, atraer forasteros, pero para la gente del pueblo, salvo algún trabajo circunstancial, no se puede esperar mucho más.

En las reuniones de trabajo de los artistas que pasan unos días en Garzón por iniciativa de Campo, se nota un movimiento fuera de lo normal, pero después se van y el silencio vuelve a su solitaria plaza hermosa. Sin embargo, las galerías locales que permanecen en el pueblo podrían atraer turistas o compradores de arte, ya sea de forma permanente o en fechas especiales determinadas, lo que podría generar buenos resultados.

Blac gallery. Patricia Fernández dirige lo salones
de exposición de arte plástico.

Campo es una fundación uruguaya certificada en Estados
Unidos como una organización sin fines de lucro que persigue
su objetivo por medio de múltiples divisiones y programas,
entre ellos air, canteen, artfest y comunity.

58. Fundación CAMPO Instituto creativo para apoyar al creador de arte

Heidi Lender llegó a Uruguay en el año 2010 y se enamoró de Garzón cuando visitó algunos lugares en movimiento y otros en absoluto silencio. Llegó simplemente como invitada de Francis Mallmann, propietario del hotel estrella del pueblo. Recorrió el campo, caminó pisando sus verdes pastos, que sentía como si debieran ser de ella, sin perjuicio de pertenecer a otros. Eran verdes que rodeaban las calles, amplias y limpias, poco transitadas.

Fundación Campo, instituto creativo para apoyar al creador de arte.

Visitó los solitarios rincones del pueblo e impregnó su ser con el aire, el sol y el viento que abrazaban a los visitantes, atrapándolos como una caricia adormecedora del cariño del universo. Si uno se atreve, como Heidi, a caminar por las anchas calles rodeadas de verde naturaleza, en las tardes serenas entre el silencio exterior y la paz interior de su espíritu inquieto, se verá invadido por el sueño. Es el mismo sueño que todos los seres humanos experimentan todos los días.

Pero Heidi elevó ese sueño a las entrañas de la creación, a las profundidades de la subconsciencia, al lugar ardiente donde las ideas se elaboran, cocinan y reproducen. Contaba con una condición particular que no todos los humanos poseen, algo que quizás comparten algunos artistas: la capacidad de ver y sintetizar los rasgos principales de lo que observan, como lo hacen los fotógrafos. Y así dijo:

> Aquí me quedo, quizás no para vivir físicamente siempre, aunque sí de manera temporal. Pero viviré siempre en forma espiritual. No necesito el físico para vivir aquí; necesito el espíritu para llevar a cabo la acción que transforme la nada en todo en este lugar. Quiero hacerlo tangible, visible y creíble, para añadir a la naturaleza

exuberante de esta zona la otra naturaleza exuberante de la humanidad, que es la creación Quiero sumar la energía del sol y del campo que emana en cada paso dado en estas calles a la energía del poder creativo.

Ofrecer a personas con imaginación la oportunidad de crear, proporcionando los medios necesarios y un ambiente favorable en el momento en que nace el pensamiento, es fundamental para ayudarles a aplicarlo en obras plásticas, materia física o soportes necesarios. Este apoyo facilitará el desarrollo de resultados óptimos en beneficio de la humanidad.

Con ese compromiso en mente, se ha propuesto crear una organización, fundación o actividades sin fines de lucro. El objetivo es establecer un lugar adecuado que fomente el arte, la pintura, la escritura, las ideas gastronómicas u otras creaciones. El propósito es inspirar, cultivar, florecer y desarrollar estas expresiones artísticas para elevar la conciencia y contribuir a mejorar la comunidad.

La persona detrás de esta iniciativa, extranjera de nacimiento, pero con un espíritu universal, cuenta con la colaboración de Beatriz Suárez y varias jóvenes uruguayas en la secretaría, así como otros colaboradores que sean necesarios para llevar a cabo esta obra, siempre encontrando apoyo en nuestro territorio oriental.

La información disponible sobre la fundación CAMPO revela que es un movimiento que va más allá de ser simplemente para un lugar específico. Abarca estudios, residencias y espacios públicos tanto en los alrededores del pueblo como en el mismo pueblo.

La idea principal es respaldar a artistas de todo el mundo, fomentando el arte y la cultura. Como visión, la fundación busca inspirar una profunda conexión con uno mismo y con el mundo a través de experiencias artísticas y el intercambio cultural en el entorno natural de esta zona del Departamento de Maldonado.

A los artistas se les ofrece residencia, alojamiento, comida y espacio por un mes, con la posibilidad de renovar. Además, al final del mes de diciembre, se celebran actos, festivales y se habilitan galerías al público en general. Durante el verano de los años 2022 y 2023, se llevó a cabo una exposición de arte en varios días que resultó ser muy numerosa y fue visitada por personas conocedoras del movimiento.

Desde el punto de vista crítico del arte expuesto, se busca una aproximación desde la perspectiva de un ciudadano común, es decir, un observador entre cientos, entre los cuales se encontraban técnicos especializados y reconocidos por su idoneidad. Con el sombrero en la mano y mirando lo expuesto con profundidad y respeto, no es fácil opinar ante la invasión de arte contemporáneo en un pueblo de personas campesinos humildes. Estas personas ven con asombro y agradecimiento, más que el arte en sí, la aplicación de esas ideas en su pueblo alejado, donde hay poco acercamiento de las ciudades.

Es cierto que hubo una invasión de arte contemporáneo, aceptada por muchos conocedores del tema, pero menos por muchos habitantes del pueblo, a quienes no les interesa el objetivo, pero sí el movimiento. Se acepta porque hay una oferta para el exterior más comprometida en la difusión del arte moderno, y ¿por qué no en Garzón?

Es importante aclarar que todo trabajo implica esfuerzo y dedicación. Como lo expresó Einstein cuando le preguntaron cómo llegar a ser un genio en algo: «Un 10 por ciento de herencia y un 90 por ciento de trabajo». Podemos tener grandes ideas muy bien recibidas, pero ponerlas en práctica solo se logra con trabajo. Si no se trabaja fuertemente en ellas, las ideas mueren con su autor o son interpretadas y ejecutadas por otros que son los verdaderos trabajadores.

En la última actividad del año 2022, participaron más de veinte artistas de diferentes países, seleccionados. No todos vivieron sus días en el pueblo, quizás debido a la falta de lugares de estadía. Trabajaron al aire libre durante unos tres días, en algunos locales y en lo que se conoce como «tapera», viviendas abandonadas que repararon para ser utilizadas por los artistas.

En la filosofía publicada de la Fundación, cuyo autor es Federico Arnaud, se considera, según el diccionario, que la palabra «tapera» deriva del abandono de viviendas por la migración de la mano de obra campesina a los centros poblados debido a cambios en los modelos de producción y socialización. En el fondo del tema y en parte, estamos de acuerdo, según una teoría algo probable, pero que no es seguro que sea cierta en este caso.

Para los sudamericanos, los tapes fueron los mártires revolucionarios que defendieron los pueblos jesuitas que, por orden de Carlos III y del Papa Clemente XIV, líderes adorados por los europeos, disolvieron dicha misión y ordenaron que su población fuera masacrada. La Guerra Jesuita fue, como todas las guerras, cruel e inhumana, donde la más fuerte mata al más débil, y por lo general, nadie lo defiende precisamente por ser débil.

Una vez muerto el líder indígena Sepé Tiarajú, se aprobó la expulsión de los jesuitas en 1769, con la matanza de 1500 indígenas y sus familias. Los tapes abandonaron sus viviendas, a las cuales se les llamó taperas, como lo confirmó Fernando Assuncau en su estudio sobre el gaucho sudamericano. Muchos de esos indígenas y sus familias lograron huir y algunos llegaron a la zona de Garzón.

Las viviendas abandonadas en el pueblo de Garzón se debieron a la desocupación de ciudadanos uruguayos. El aislamiento del pueblo, sin ferrocarril y con la Ruta 9 a más de 40 kilómetros del pueblo, no hubiera ocurrido si se hubiese realizado como quería Leopoldo Lazo: que la carretera pasara por Garzón, como siempre ocurrió desde antes de 1800 con el Camino de Tierra del Rey, que fue un pilar importante para el desarrollo de la industria nacional del trigo y la ganadería.

De cualquier manera, esas casas de familias nacidas y criadas en ese lugar, abandonadas y reparadas, donde quizás un niño pudo haber fallecido por tuberculosis, sirvieron para una acción cultural de valor, ideada por Heidi Lender, una extranjera bienvenida que se preocupó por ese pequeño pueblo, no siendo nacida en él y viniendo de tan lejos, pudiendo quedarse en lugares mejores.

Es un ejemplo para nuestro país. No solo deberían hacerlo los extranjeros que admiran nuestros paisajes como ella, y que pueden hacerlo, sino también los uruguayos, de los cuales hay muchos que pueden y deberían contribuir, especialmente en Maldonado, que es su pueblo. Algunos, no todos, le dan la espalda a aquellos pocos que están ayudando y preocupándose por su desarrollo.

Está todo dicho. Hubo obras bien trabajadas con dedicación y otras muy desprolijas. Podemos soñar, y el arte también es sueño. Pensamos que, si estuvieran Wassily Kandinsky observando en compañía de Piet Mondrian, verían y calificarían lo informal y lo formal, recordando a Torres García. Con sorpresa, verían pasar por Garzón a caballo y al galope a Juan Manuel Blanes, a quien saludarían con admiración.

CAPÍTULO XIII

59. Actividad comercial del siglo XXI

En el antiguo Garzón de la segunda época gloriosa, abundaban los comercios de minoría y mayoría, fábricas de ladrillo, carpintería, herrería, local de correo, trabajos campesinos, el ganado, el trigo, la harina, la exportación, la escuela, la seguridad, el ferrocarril, los ómnibus y mucho más. Después de la decadencia, quizás se aprecia un nuevo levante lento de un pueblo que tenía muchos comercios y muchos habitantes. Al tener hoy cerca de 100 habitantes aproximados, había aislación, indigencia, pobreza y soledad, pero eso está cambiando.

Esa soledad y ese aire puro que hoy atraen a cientos de visitantes, extranjeros, ex habitantes, para que lleguen a visitarlo. Estos últimos añoran su anterior vida, y todos desean caminar sin auto y tampoco sin caballos, andar en bicicleta o saludar a los pocos conocidos y algunos desconocidos.

Con el silencio que solo la briza conmovía, con el aire puro de un pueblo de campaña sin habitantes, con su hermosa plaza arbolada, pero sin gente, solo un funcionario municipal cuidándola admirablemente. El mismo silencio que poco a poco puede ir desapareciendo si el esfuerzo exterior hace crecer a Garzón.

Pueden prosperar comercios, pero los aguerridos habitantes que no se fueron de Garzón quedaron y tenían que abastecerse, no en San Carlos o Rocha, sino en el mismo lugar de su existencia. La Ley de Descentralización del año 2009 cambió todo. Apareció una nueva visión, también por el esfuerzo de los alcaldes con un consejo preocupado por levantar ese pueblo dormido. No escatimaron trabajo para programar y resolver problemas nuevos que no existían y viejos que había que mejorar.

La empresa privada también despertó. Algunos comerciantes abastecían a la población y sus visitantes, pero se fueron desarrollando y creciendo rápidamente. Garzón despertó y se está levantando. Es indudable que un pueblo, aunque su población sea reducida, no puede existir sin comercio, un mini supermercado, un bar, una pensión, porque viajantes, pobladores, etc., lo requieren.

Aunque no haya una panadería, ingresa pan a los comercios existentes. Las mercaderías más necesarias, como leche, pan y agua mineral, siempre están disponibles. Hay servicio para almorzar y cenar, lo principal, lo primario. Si la población crece, no dan abasto, como se ha comprobado en fiestas con muchos visitantes al lugar.

Otro enlace con el comercio exterior es el ómnibus de San Glair. Sin él, no se podrían hacer encargos y no se podría abastecer de algunas cosas. Por supuesto, los grandes comercios de San Carlos o Rocha tienen sus propios transportes que pueden recorrer toda la zona sur del Departamento con poco gasto y mejor ganancia.

Muchas familias hoy, al igual que ayer, se autoabastecen con verduras que plantan, otros con algo de ganado en donde trabajan o crían corderos en sus pastos de amplios patios. Se puede tener una vaca y ordeñarla, algo que se veía con mucha frecuencia en 1950.

60. El comercio de los sabores

La señora Silvia Elena Muñoz reside en el pueblo Garzón, a donde llegó en el año 1990. Al año siguiente, se instala en la esquina de la calle La Capilla con un comercio al que denomina Los Sabores. Es un local no muy grande, pero muy bien acondicionado, moderno y práctico, donde se pueden saborear dulces, pero también cuenta con un restaurante donde se puede almorzar. Además, posee una casa lindera que alquila para aquellas personas que deban estar en el pueblo por razones de visita o trabajo, ya sea por un día o un fin de semana.

61. Artesanías de Garzón

En la puerta principal de ingreso al Club Social, hay un comercio medio improvisado por estar en la entrada del local, pero autorizado y conveniente frente a la plaza. Si bien no molesta, alegra el lugar y presenta diversas artesanías, libros, pinturas y objetos diversos de arte. Este lugar está bien atendido por la joven Leticia Machado. No hay nada alimenticio, solo arte y artesanía, incluso trabajos de Henbrenn Lazo y de otros artistas nativos o de las ciudades cercanas.

Puerta de ingreso al club. Se instala la actividad del comercio.

62. El comercio de don Diego

Una actividad, quizás la más reciente en el pueblo, nace como una necesidad obligatoria. A pesar de ser una competencia con la anterior «Los Sabores», ubicada a media cuadra de distancia, ambas trabajan de la misma forma y cada día tienen una clientela en aumento. Esto es otro signo de que Garzón se levanta y crece, ya que ofrecen cocina a disposición de sus clientes y un mini supermercado.

CAPÍTULO XIV

63. Actividad industrial

En el pasado, la actividad industrial en el propio pueblo fue notoria. Aunque no había grandes empresas, la construcción del molino y de las vías del ferrocarril fue una verdadera revolución. La construcción a mano criolla del Club Social y la capilla, que destacan por su gran porte y belleza, son estructuras que no se aprecian en todos los pueblos chicos. Además, existen edificios extraordinarios con una arquitectura no solo eficiente, sino de gran estilo renacentista, como los comercios de Pereyra y los de Massud. Hoy, tras algunos retoques, lucen como si pertenecieran a una gran ciudad.

¿Qué sucede en el siglo XXI en el pueblo? Aparentemente nada. El pueblo duerme. Quizás la oficina de la Alcaldía y la policlínica, junto con varias casas privadas de extranjeros y nacionales que no viven regularmente en ellas, los jardines de Bruno Varela, las viviendas familiares tipo chalet y la comisaría nueva son los edificios que representan la vida del pueblo en esta nueva época.

Pero se avizoran grandes construcciones en el futuro. Primero, revisemos obras antiguas que se reformaron y crearon otro edificio en su interior manteniendo la misma fachada. Eso sucedió con la casa de la tienda de Massud, donde se realizó una transformación interna para convertirla en un hotel especial, conservando la estructura antigua actualizada. Posteriormente, mencionaremos de manera sintética la evolución de los alrededores.

64. El hotel-restaurante de Francis Mallmann

Se debe destacar la empresa que inició el movimiento hacia el futuro y el reconocimiento de Garzón, a cargo del señor extranjero responsable del hotel-restaurante, Francis Mallmann. El hotel estrella del pueblo está instalado en la vieja casona del recordado turco Massud, un emigrante extranjero y gran impulsor del comercio en la época destacada de la zona antigua. El actual propietario, a pesar de ser un extranjero no migrante, es un amigo del Uruguay y también un gran impulsor en la época actual que tanto necesitamos.

En la época moderna, en el mismo edificio, funciona este hotel que ha sido publicitado casi a nivel de relaciones conocidas y no públicamente, en las esferas de personas deseosas de descansar en un lugar extraordinario y adaptado con ese fin.

El Sr. Mallmann ha sido un empresario que merece apoyo por su gestión, la cual dio lugar a que se nombrara a un pueblo olvidado y se le conociera, saliendo de su olvido. Gracias a la difusión elegida por sus planes, se ha extendido fuera del país, colaborando no solo con el pueblo, al cual ha apoyado en cierta medida con empleo, sino también despertando el interés del turismo extranjero, necesario para nuestro país. Esperemos que se desarrolle de forma más amplia, ya que es un buen cumplidor de las leyes y establece una actividad de servicio que valoriza la zona sur de Maldonado y de todo el Uruguay.

Pero ¿qué pasa con los proyectos no en el pueblo, sino en los alrededores? Es ahí donde también Garzón se ha hecho reconocer en los últimos tiempos como una zona circundante al pueblo con gran movimiento, desarrollo y actividad internacional. Se desearía que una ayuda importante, necesaria y que no puede ser desde adentro hacia afuera, pudiera aparecer de afuera hacia dentro.

Visto que el movimiento empresarial está empezando a renacer a su alrededor, es beneficioso para el crecimiento de Garzón. Sin embargo, se necesita algo más, como el aumento de la población, la generación de empleo, la implementación de cursos de enseñanza tipo Escuela Industrial y agraria, la presencia de un liceo, empresas y muchas otras cosas.

65. Bodegas de Garzón, colinas Brisas

Cerca del pueblo Garzón se ha instalado una bodega en las colinas Brisas que se encuentra en las proximidades de la Ruta 9. Aunque no está en el propio pueblo y no cuenta con una oficina que lo represente en él, no hay una relación directa, salvo en la administración de dicha bodega a pocos kilómetros. Al principio, la bodega integró algo de trabajo para algunos pobladores del pueblo, pero no se podía exigir un mayor apoyo cuando hay pocos o ningún obrero disponible.

En su mensaje dirigido a aquellos que disfrutan del vino que fabrican, destacan, por ejemplo, para la línea reserva, que utilizan uvas cosechadas en la propia bodega. Aseguran que se mantiene un total respeto a las medidas de protección de la biodiversidad del entorno. Los viñedos se encuentran en un declive pedregoso y ondulado, a tan solo 18 kilómetros del Océano Atlántico. Están divididos en más de 1200 parcelas, cada una menor a una hectárea, con orientación al sol. Las brisas oceánicas y las características micro del suelo propician un carácter de variedad que genera buen gusto.

Esta empresa está instalada con sistemas industriales muy modernos y de gran porte en la 7° sección del Departamento de Maldonado, correspondiente a la Alcaldía de Garzón. Esto ha llevado a que el nombre del vino se propague por todo el mundo donde exista una de esas botellas sobre una mesa familiar o entre amigos, con el nombre de Garzón.

66. Empresa aceitera

También en la misma zona, una empresa aceitera y sus olivares resultan muy hermosos al ingresar al pueblo. Fabrican un extraordinario aceite de oliva de primera calidad que se está haciendo conocer en el mundo, con el nombre de Garzón.

Aceite Colinas de Garzón y vino de Garzón67.

67. El futuro

Nadie puede predecir el futuro, a menos que los hechos que están por venir ya estén empezando a construirse. Por supuesto, estos planes pueden quedar inconclusos o completarse de acuerdo con lo establecido. Abogamos por asegurar que esos planes se cumplirán; de lo contrario, solo habremos adelantado una idea, como tantas que hemos concebido y no se han concretado. Sin embargo, el optimismo debe prevalecer sobre el pesimismo.

Todos tenemos ideas brillantes, pero si esas ideas no se llevan a la práctica, mueren con su autor. Quizás otros puedan actualizarlas y ponerlas en práctica en el futuro; el tiempo tiene la última palabra.

Respecto a estas ideas que hemos recopilado para el futuro de Garzón, están a la espera de ejecutarse. Nos respaldan los hechos que han ocurrido después de la Ley N° 18.567 del 13 de septiembre de 2009, que descentralizó las zonas según su población. Aunque el movimiento ha sido lento, es muy auspicioso.

Nuevas construcciones

Uno de los emprendimientos que está cobrando fuerza es la construcción de un centro de viviendas por parte de empresas privadas en los campos frente a la escuela, donde en una época existía una cancha de fútbol. Se instalarán viviendas diversas con un sistema de seguridad privada, lo cual sin duda aportará al pueblo un dinamismo diferente y responderá a las necesidades de las familias que buscan tranquilidad y seguridad para sus vidas, características que se encuentran en esa localidad.

Festivales folclóricos

Otro proyecto, en este caso por parte del Estado, bajo la dirección de la Intendencia y la Alcaldía, es la revitalización de los terrenos abandonados donde se encuentran las ruinas de la vieja comisaría, ubicada en campos propiedad del Ministerio del Interior y cercanos al arroyo Garzón.

En este extenso terreno se planea la construcción de un centro de actividades folklóricas y gauchescas, que incluirá música, venta de comidas típicas de nuestro territorio como el asado con cuero, actividades de sociedades criollas del Este, domas, juegos de campo y exposiciones diversas.

Este proyecto busca resaltar la tradición gaucha y folklórica de Uruguay, tomando inspiración de eventos exitosos como la «Patria Gaucha» de Tacuarembó, que ha contribuido significativamente a cambiar la imagen del país y recordar sus raíces históricas. GARZÓN se propone convertirse en el epicentro de estos eventos clásicos a nivel nacional, resaltando la importancia de la patria gaucha en la formación de la nación y rindiendo homenaje a quienes lucharon por la Independencia y la paz.

En un contexto de creciente globalización cultural y extranjera, la preservación y celebración de la auténtica identidad uruguaya es esencial, y proyectos como este buscan reafirmar la verdadera esencia del Uruguay que aún perdura en muchos aspectos de su cultura y tradiciones.

Un tren de paseo

El proyecto de instalar un tren para paseos en la zona de la 7ª sección, desde la Estación de José Ignacio hasta la estación de Garzón, ida y vuelta, es una iniciativa conjunta de la Alcaldía y AFE (Administración de Ferrocarriles del Estado) que promete ser un atractivo turístico para la región. Este tren ofrecerá a los visitantes y residentes la oportunidad de disfrutar de los hermosos paisajes de la zona en un paseo pintoresco.

El impulso por desarrollar proyectos que fomenten el turismo y destaquen las bellezas naturales de la región es una señal positiva para el futuro de Garzón. Además, la colaboración entre la Alcaldía y AFE muestra la importancia de la participación conjunta de diferentes entidades para el desarrollo y promoción de la localidad.

Como mencionamos, la tierra sigue girando, el reloj marca los tiempos, y es evidente que los esfuerzos para impulsar el progreso en Garzón están en marcha. Los proyectos planificados y en desarrollo, como el tren para paseos, pueden contribuir significativamente al crecimiento y la revitalización de la zona, proporcionando nuevas oportunidades y atracciones para los habitantes locales y los visitantes.

Referencias

Historia de la ciudad de Rocha. Florencia Fajardo Terán.

Maldonado nombres con historia. Marcos Salaberry.

Los tiempos de Artigas. Ana Ribeiro.

Los indios del Uruguay. Renzo Pi Hugarte.

Wikipedia La Enciclopedia Libre

Guía Turística de Rocha. «Probides»

Ministro de la Real Hacienda. Dra. Florencia Fajardo Terán.

Manual turístico en Maldonado. C. Comercial Punta Del Este.

Brevísima historia del Uruguay. José Torres Wilson.

Artigas y su hijo El Caciquillo. Carlos Maggi.

Artigas y el federalismo. Washington Reyes Abadíe.

Azara y su legajo al Uruguay. Esteban Campal.

Lavalleja. Alfredo Castellanos.

Los presidentes del Uruguay. Carlos Pedemonte.

Caudillos y doctores. Lincol Maiztegui.

Historia de los ferrocarriles uruguayos. Alonso Caprario.

Explotación económica de las vías férreas. José Romeu.

La villa de San Carlos a vela y querosene. Blanca Ferraro.

La villa de San Carlos. Marcos M. De Estrada.

Leonardo Olivera. Cesar Pintos Diego.

Explotación económica de las vías férreas. José Romeu.

Por la historia a los ferrocarriles uruguayos.

Nombres con Historia. Marcos Salaverry.

El Centro Paz y unión de Maldonado. María Díaz de Gue.

Evolución histórica del Uruguay. Albero Zum Felde.

Uruguay sus problemas siglo XIX. Carlos Real De Azua.

Molino Lavagna. Federico Olascuaga.

El enanito del arroyo Garzón. Roberto Pereyra.

Garzón- Jose Ignacio. Taller Territorial Microrregión.

Maldonado y su región. Carlos Seijo.

Memorias con color a Mar. Luciana Nuñez Borchi.

El otro Maldonado. Susana Lischinski.

Apuntes de Martin Ferrario en publicación de La Fundación Atchugarry. Publicado por la intendencia municipal de Maldonado.

Por los pagos de Julian. Cesar Miguel Bianchi.

Herrera un nacionalista Oriental. Luis A. Lacalle.

Reportaje a Dios. Roberto Pereira Felló.

El Enanito Del Arroyo Garzón. Roberto Pereira Felló.

www.ingramcontent.com/pod-product-compliance
Lightning Source LLC
LaVergne TN
LVHW010053170826
845678LV00012B/2129
9786125160027